U0905918

本书作为博士后在站期间的科研成果，获湖北省社会科学基金一般项目资助

韩国语敬语词与儒家礼文化关系研究

李丹 著

中国社会科学出版社

图书在版编目（CIP）数据

韩国语敬语词与儒家礼文化关系研究／李丹著．—北京：中国社会科学出版社，2017.3

ISBN 978-7-5161-9733-2

Ⅰ.①韩… Ⅱ.①李… Ⅲ.①朝鲜语-敬语-关系-儒家-礼仪-文化-研究 Ⅳ.①H554②B222.05

中国版本图书馆CIP数据核字（2017）第010494号

出 版 人 赵剑英
责任编辑 梁剑琴
责任校对 石春梅
责任印制 李寡寡

出　　版 中国社会科学出版社
社　　址 北京鼓楼西大街甲158号
邮　　编 100720
网　　址 http：//www.csspw.cn
发 行 部 010-84083685
门 市 部 010-84029450
经　　销 新华书店及其他书店

印刷装订 北京市兴怀印刷厂
版　　次 2017年3月第1版
印　　次 2017年3月第1次印刷

开　　本 880×1230　1/32
印　　张 6.625
插　　页 2
字　　数 176千字
定　　价 36.00元

序

尊待对方、谦逊做人是人类的普遍现象，反映了一个民族的精神面貌，是日常生活中具有道德伦理意义的行为准则。礼仪是人们在频繁的交往中彼此表示尊重与友好的行为规范，而敬语则是尊重他人的具体表现，我们在日常生活中如你表现得谦虚和恳切的话，人们自然也会对你报以尊重。尤其在社交场合中，多用敬语能体现出一个人的素质及尊重他人的个人素质；多说客气话不仅表示对别人的尊重，表明自己有修养，还有利于双方气氛融洽，有益于交际。因此，韩国敬语表现形式一直是中韩语言学界研究的一个热门课题。

语言是文化的载体，是文化的积淀与映像。任何一种语言的产生、变化和发展，都与其民族和国家的社会文化和风土人情有着密切联系。所以学习一种语言必须了解使用这种语言的民族和国家的历史文化，只有这样才能更好地掌握和运用这种语言。韩国敬语表现形式与儒家礼文化密不可分，受传统儒家礼文化的影响，韩国敬语在某种程度上仍然存在“上下有义，贵贱有分，长幼有等”。表面上看，这些是早已过时的礼制，却给现代人留下了深刻的印记。

韩国语言学界自 1939 年开始立足于本民族敬语的研究，以韩国语敬语法的文法论为中心，研究范围涉及 20 世纪敬语法形态的共时研究、历时研究、专题研究。20 世纪 70 年代以后，许多学者开始尝试运用语言学的各种方法对韩国语敬语展开研究。因此，关于韩国语敬语法的专著也屡见不鲜。那么，李丹博士的这本关于韩国语敬语词汇研究的专著对敬语法的研究有什么贡献呢？

首先，选题新颖，重点突出。关于韩国语敬语法的研究多集中在韩国语敬语语言本体研究，学者们多注重敬语语言形式内部的形态、结构和语用等层面的分析和解释，而将韩国语敬语与韩国儒家礼文化相结合的研究实属少见。本书内容突破了语言学研究范围的局限性，将语言学研究和民族学研究相结合，以语言与文化的辩证关系为导向，揭示韩国语敬语词与儒家礼文化的渊源关系、传播关系、传承关系和互动关系；以韩国儒家礼文化变迁为研究视角，通过史料的挖掘，对韩国儒家礼文化的变迁和韩国敬语词的变化进行细致的梳理与全新阐释，立体而生动地呈现儒家礼文化和韩国敬语词的发展脉络，消除以往单一性的描述或解释而形成的刻板印象。

其次，有理有据，论证深入。本书将韩国语敬语研究范围扩大到民族学领域，将韩国语敬语语言交际形式与汉文化的传播、韩国的宗教思想、儒文化的意识形态相结合，探讨韩国敬语词所蕴含的文化因素。

本书从韩国语敬语词与儒家礼文化的“荣辱与共” 的关系入手，介绍了“韩国语敬语词的萌芽与儒家礼文化的产生期”“韩国语敬语词的繁荣与儒家礼文化的兴盛期”“韩国语敬语词的发展与儒家礼文化的缓冲期”。该论证以儒家礼文化的产生和发展为线索，引用了大量“韩国语敬语词” 相关数据，论证了儒家礼文化在不同发展阶段对韩国语敬语词所造成的影响；以汉文化在韩国的传播为主线，详细论述了韩国汉字敬语词与儒家礼文化的传播关系、韩国语的汉字敬谦词和汉语敬谦语的关系，并从不同层面分析了韩国语汉字敬谦词的文化特征；以韩国高丽大学发行的韩国语词汇使用频率表为依据，将频率表中使用频率较高的韩国语敬谦词作为研究对象，按照历史发展演变的规律，运用认知语言学的范畴化理论对其进行了分析和解释。本书还从语言发展变化的影响因素出发，把握语言和文化发展的历史脉络，重点分析了韩国语敬语词和儒家礼文化的传承关系与互动关系，指出：韩国语敬语词以遵循儒家文化法则为前提，在其发展过程中，儒文化的法则是相对不变量，社会发展进程中的多元文化表现形式是自变量，韩国敬语词会随着自变量的变化而变化，而自变量和相对不变量是内隐和外显的关系；韩国敬语词的使用离不开文化的内在驱动力，这种“驱动力”因素为统治阶级服务和促进经济的发展、文化的繁荣所不可或缺，某种程度上也可以说是政治力、经济力，更是精神力(自主性、创造性、协同性、和平性和抵抗性)。该精神力被称为韩国民族的精神之魂，是韩国语敬语使用的内在动力。

该书观点明确，内容详实，不仅为韩国语敬语研究提供了新思路，而且可以帮助汉族学生更深入地理解“韩国敬语法”表现方式背后的文化内涵，对韩国语敬语法教学也有一定的指导意义。

最后，中心明确，富有创新。本书以语言和文化的辩证关系为切入点，将语言学的对比分析法、语义分析法、历时和共时描写法与人类学的实地调查法、深入访谈法相结合，从语言之间的相互联系、语言和言语的辩证关系、语言与文化的辩证关系等不同角度对韩国语敬语词和儒家礼文化的关系展开论述，研究内容突破了语言学研究范围的局限性，拓宽了韩国语敬语研究的广度和维度。

总而言之，本书在高度概括韩国敬语词与儒家礼文化辩证关系的同时，引用了大量的语料来解释和分析韩国语敬语词与儒家礼文化关系产生的内在动因。论述颇为精彩，读来引人入胜。

丁石庆

2017年3月21日

摘　要

本书在借鉴国内外诸多研究成果的基础上，对韩国语敬语词进行了以下多维视角的探索与研究：宏观和微观、共时和历时、静态和动态、语义和语用、定量和定性、归纳和演绎。

本论题的研究力图在勾勒出韩国语敬语词全貌的同时，对韩国语敬语词进行多角度、多方位的研究：对韩国语敬语词予以分类描写；探索韩国语敬语词的语义系统；将韩国语敬语词研究的范围拓展到与汉文化的传播、韩国的宗教思想、儒文化的意识形态相结合的综合性研究领域；深入挖掘韩国语敬语词蕴含的文化内涵。研究路径大致如下：其一，从语源学和文化传播学的角度，将敬语词与韩国敬谦文化融合，通过语言和文化的相互关联、相互映照、相互阐发，描述韩国语敬语词和韩国儒家礼文化的起源与发展演变轨迹，揭示其变化发展的逻辑性、系统性和统一性。其二，将韩国语与汉语的敬语词和敬谦文化进行对比，探讨中韩敬语词和敬谦文化的内在关联性和民族特性。

本书从方法论上突破了语言学研究的局限性，将语言学的对比分析法、共时历时描写法和人类学的实地调查法、深入访谈法相结合，拓展了韩国语敬语法研究的广度和深度，可为语言学、民族学、传播学等交叉学科研究提供可借鉴的方法；也可对韩国语敬语法教学提供应用指导；还可对韩民族的儒文化研究、中韩儒文化对比研究、韩国宗教思想研究等民族学专题研究提供相应的语言理据与例证。

全文共分六部分，第一部分是绪论。主要阐述了研究的意义、研究的现状、研究的思路和方法、研究的理论依据。正文部分共分五章。

第一章是概述部分。第一节说明了将研究对象命名为“敬语词”的原因，从共时层面描写了韩国语敬语词的分类系统；第二节在阐述儒家礼文化内涵的同时，介绍了儒家礼文化的理论体系；第三节从历时层面考察了韩国语敬语词与儒家礼文化的辩证关系。

第二章以汉字和汉文化的韩国传播为切入点，探讨了韩国语汉源汉字敬语词与儒家礼文化的具象思维关系。第一节介绍了中韩两国语言文化交流过程中，汉字和汉文化在韩国传播的情况；第二节考察了蕴含着具象思维的汉字借用到韩国后，在韩国语中的具体表现。本节以个别具有代表性的中韩同形同义敬语词、异形同义敬语词和同形异义敬语词为例，分析了韩国语汉字词中的具象思维特点；第三节探讨了韩国语敬语词和人们的横向、纵向“大、小”自然空间感知及社会空间文化“大、小”思维的关系。

第三章将韩国语敬语词与儒家传统宗法制度联系起来阐述，分析韩国语敬语词所蕴含的文化因素。第一节阐述了韩国语敬语词与封建家礼的“长幼之别、男女有别、内外有别、亲疏有别”等“别”思想的关系；第二节阐述了韩国语敬语词与儒家谦己待人的“和”思想关系；第三节以韩国语第一人称代词“우리”为例，将其与汉语第一人称进行比较，分析和解释了“우리”所蕴含的“天人合一”思想和“集体主义”精神。

第四章从历史层面分析了儒文化传承过程中韩国语敬语词所蕴含的儒文化因素。第一节以高丽大学统计出的《现代韩国语常用词汇表》为依据，统计出现代韩国语中敬语词的使用频率。从汉语对韩国语的影响及韩国汉字政策的实施两方面着重分析了汉字敬语词频率减弱的原因；第二节和第三节分别以韩国语汉字敬语词“两班”和“先生”为例，将词汇的范畴化和韩国的社会体制、政治体制、社会民俗、人们的价值观等外在因素与韩国语固有的文字特点、语言特征等内在因素的制约相结合，分析了敬语词演变的内在规律。

第五章分析了韩国语敬语词、敬语法和儒家礼文化的内在互动关系。第一节探讨了韩国语敬语词、敬语法和儒文化的关系，并着重举例分析了儒家礼文化对韩国语敬语使用的驱动作用；第二节以《春香转》中出现的敬语为例，探讨了朝鲜时期韩国语敬语使用过程中的礼文化因素；第三节从历史和文化角度分析了韩国语敬语内在“驱动力”的内涵。

最后是结语，对本书的韩国语敬语词研究作出总结，对前面各章的研究进行梳理，归纳出本研究的主要结论。

关键词：韩国语敬语词；空间思维；“우리”；“两班”；“先生”

ABSTRACT

Based on many researches and studies in domestic and overseas, this study was conducted to explore Korean honorific words in following perspectives: macro and micro, synchronic and diachronic, static and dynamic, semantic and pragmatic, quantitative and qualitative, inductive and deductive.

The goals of this study are to outline and describe the characters of the Korean honorific words and analyze on these words from multi-angle, multi-ways to describe Korean honorific words in different Categories; to explore the semantic system of Korean honorific word; to extend the area of this study to the combination of Chinese culture, Korea's religion and the ideology of Confucianism culture and to dig Korean cultural connotations inherent in respect of words.

The methods of this study are as follows: Firstly, from the perspectives of etymology and Culture Communication, this study combines Korean honorific words with South Korean honorific culture. Also, this study analyzes mutual association between language and culture, and describes the evolution of the origin and development of Korean honorific words and Korean Confucian ritual culture, which is revealing the logic of its development and changes, systematic and unity. Secondly, by giving a comparison between Korean honorific words and culture, this study explores the inner connections between honorific words and culture and national characteristics.

This study overcomed the limitation of linguistic research with the methods included combination of contrastive analysis, synchronic and diachronic description, and anthropology field survey and interview. So, this study expanded the depth and breadth of Korean grammar of honorific words and provided reference for linguistics, ethnology, communication and Interdisciplinary subjects; this study also provided guidance for application of Korean grammar teaching; can also provide the examples for monographicstudy of Ethnology Han nationality Confucian culture research, comparison of Chinese and Korean Confucianism culture research, South Korean religious research.

This study included six parts. First part was an introduction, which were mainly elaborated the significance of the study, literature review, methods of the study and references.

Body part was divided into five chapters. The first chapter is an overview section. The first section describes the origin of name "honorific words" and made description of honorific words classification system in synchronic way; the second Section described the Confucian etiquette culture and introduced the theory of Confucian ritual culture system; the third section examined relationship between "honorific words" and Confucian etiquette culture in diachronic way.

In the second chapter, based on the influence when Chinese characters and Chinese culture that spread to Korea, this study discussed the relationship in concrete thinking way between the Korean honorific word that came from Chinese characters and the Confucian culture. The first section introduced the situation of Chinese characters and Chinese culture in Korea in exchanging process between Korean language and

Chinese characters; the second section explored the features of Korean words which came from Chinese characters that with concrete thinking.

This section analyzed the features of Chinese characters in Korean words, by using Korean honorific word as same as Chinese character, synonym honorific words and homonymy honorific words. Third section discusses the relationships among different thinking ways of Korean honorific words and lateral, longitudinal natural space perception and social culture .

The third chapter made a combination of Korean honorifics words and the Confucian tradition of patriarchal clan system to analyzed cultural factors of Korean honorifics words culture.

The first section described the differences in Korean honorific words and feudal family ritual in men and women, old and young and so on. The second section elaborated the relationship between Confucian Korean honorifics words and harmonious humble. The third section made comparison between the Personas Pronoun "우리" and first-person in Chinese to analyze the "Nature and Humanity" ideology and collectivism.

The fourth chapter analyzed the Confucian cultural factors in historical aspects of the cultural heritage of Confucianism. Based on the "Modern Korean vocabulary list", the using frequencies of Korean honorific words were reported. This study analyzed the reasons of the Chinese honorific words decreased to use from the influence of Chinese characters and Korea implementation of Korea policy. Based on examples like "two classes" and "Sir" which were two Korean Chinese words, the second and third analyzed factors of inherent rules and evolution of Korean honorific words by combining the category of the vocabulary and South Korea's social system, political system, social customs, people's values and other external factors and inherent words of Korean characteristics.

The fifth chapter analyzed the inherent interaction and relationship among Korean honorific words, grammar and Confucian ritual. The first section discussed the relationship between Korean words Respect, Respect grammar and Confucian culture, and analyzed the role of Confucian in Korean cultural honorific used by examples; by giving the example honorific words in "chunxiangzhuan", this study discussed the factors of Etiquette Culture when Korean honorific words were used in North Korea time. The ceremony Korean cultural factors; Section three analyzed the inner driving forces of Korean honorific words from the perspective of the history and culture.

At last, this study made a conclusion by reviewing all the chapters above and summing up the main ideas.

Key words: Korean worship words; The space of thinking; "우리"; "Two classes"; "Sir"

目　录

绪　论

第一节　论题缘起与研究价值

学习韩语，过了发音阶段以后，学生们马上就会碰到韩国语敬语的学习。敬语的学习是韩国语的难点之一，它贯穿于整个韩国语学习过程中。可以毫不夸张地说，如果没有搞清楚敬语，根本就无法开口说韩国语。所谓韩国语敬语，不仅仅是用词的问题，还包括语法形态的应用变化。就算是一个“谢谢”也有好多种说法。对不同身份的人，在不同的场合，使用的表现形式也不同。汉语因属于孤立语，受其语言特征的制约，敬语表达多通过敬语词来表现。现代汉语中常用的敬语词不外乎是第二人称代词“您”。“您”在口语中，可以说“您老”，用于多人时，还可以说“您二位”“您几位”等。与汉语不同，韩国语因属于黏着语，敬语表达多通过敬语词和敬语法共显来体现。例如，汉语“老师，您去哪儿?”这句话翻译成韩国语为“선생님, 어디에 가십니까?”为了表现对听话人老师的尊敬，该句敬语表现形式中，敬语词有“선생님”，敬语法包括先语末词尾“시，으시”和终结词尾表敬形式“습니까?”韩国语敬语表达要根据对象的不同而有所差异。在先行研究中，从韩国语固有语言特征出发，对韩国语敬语法的

描写数不胜数，而以敬语词为研究对象的学术研究实属少见。

语言是记录民族文化的符号，是一面折射民族文化的镜子。韩国语敬语词的生长和繁荣一方面深受儒家礼文化传播的影响；另一方面又影响着礼文化的传播。身为载体的敬语词为表，礼文化为里，二者表里相依共生，助推了敬语词的发展。敬语词又与礼文化融为一体，成为礼文化的重要组成部分，其运用严格遵循而且映射着礼文化。在中韩两国跨地缘文化交流的过程中，汉字敬语词在韩国的传播，使得中国传统儒家礼文化在韩国得以传承和发展。而这种儒家礼文化又反作用于韩国语敬语词，使其渐被泛化成社会通用的言语模式，积淀为呈惯性滑行的言语惯习，从而奠定了礼文化在韩国现代社会中更顺畅、更长足传承的基础。本书从汉字敬语词在韩国的传播及韩国语敬语词对礼文化的服务、映射和传承的视角，探寻韩国语敬语词在历史发展进程中所历经的与礼文化传播有关的轨迹，并将其与汉语进行对比，具有一定的学术意义。

道家文化主要阐述的是哲学问题，儒家礼文化主要阐述的是伦理学问题，伦理学中的礼文化和敬谦语是辩证统一的关系。韩国语的敬语形式无不受到儒家礼文化制度的制约。儒家礼文化传承过程中，反映这种礼文化的语言形式也得以继承和发展。作为一个非母语的外国人来说，要掌握好韩国语的敬语，只停留在语言层面的学习是不够的。语言和文化是内隐和外显的关系，语言中的某些词汇可以反映出该民族的文化特点。本书主要以《标准韩国语大词典》中收录的韩国语敬语词为研究对象，从韩国汉字文化和儒家礼文化在韩国的传播入手，将韩国敬语词与韩国传统儒家礼文化联系起来，揭示韩国汉字敬语词、韩国儒家礼文化与中国传统儒家礼文化的渊源关系，并以此为线索进一步探讨韩国儒家礼文化传承中敬语词和儒家礼文化的辩证关系。期待该研究对韩国语敬语的研究能起到抛砖引玉的作用。

第二节　论题相关研究综述

一　韩国语敬语法研究

韩国语敬语表达主要通过敬语法和敬语词共显来体现。受韩国语黏着语语言特征的制约，敬语法在韩国敬谦表现中具有举足轻重的地位。韩国语敬语法研究历史悠久，韩国语言学界自1939年开始进行立足于本民族敬语的研究，以韩国语敬语法的文法论为中心，研究范围涉及20世纪敬语法形态的共时研究、历时研究、专题研究。20世纪70年代以后，许多学者开始尝试运用语用学和社会语言学的方法研究此论题，相继有『國語敬語法研究』(1984)、『国语尊待法』(1992)、『國語의 敬語法 研究』(1997)、『대우법』(待遇法）等敬语法专著出版。韩国学者“이정복”的相关著作『국어경어법 사용의 전략적 특성』(2001)、『국어 경어법과 사회언어학』(2002)、『인터넷 통신 언어의 확산과 한국어 연구의 확대』(2009）利用描写法对特定历史时期的语言资料中出现的敬语法进行了描写；『한국어 경어법 힘과 거리의 미학』(2011) 利用认知语言学的理论和方法，对敬语法使用的内在心理作用进行了分析和解释；『한국어 경어법의 기능과 사용 원리』(2012) 利用社会语言学的调查法，对某一特定领域使用的敬语法进行了调查统计分析。从目前的韩国语敬语法研究的现状来看，韩国语敬语法研究主要包括体系研究和具体敬语法分析研究。

韩国语敬语法体系研究方面，이숭녕 (1964)、김향규 (1975) 从语用层面分别阐述了韩国语主体敬语法、客体敬语法、相对敬语法的具体使用情况。서덕현 (1992)、서덕현 (1993)、서덕현 (1995) 运用社会语言学的调查统计方法，探讨了校园内敬语法的

使用现状。이경우（1998）、장요한（2003）、임동훈（2006）运用描写语言学的方法，通过对韩国近代时期、19世纪及现代国语的敬语法体系描写，总结和归纳了敬语法的语用规则。

具体敬语法研究主要包括：韩国方言敬语法研究、以具体语料为研究对象的敬语法研究、敬语法活用论研究及根据尊敬对象不同所划分的主体敬语法、客体敬语法、相对敬语法等研究。其一，韩国方言敬语法研究。김중진（1976）、한동완（2002）、박경래（2003）分别调查了韩国全北地域、济州方言和中国延边地区的方言使用现状，并分析总结出该地区方言敬语法使用的特色。其二，以具体语料为研究对象的敬语法研究。백두현（1999）、박진완（2000）、裵貞烈（2001）结合作品的时代背景，运用共时描写法和历史描写法相结合的方法，描写和分析了《旧译仁王经释读口诀》《첩해신어》《源氏物语》等作品中出现的语法助词；이경우（1998）主要考察了韩国语古典名著《春香传》中终结词尾的使用情况，指出朝鲜时期不同身份等级的人所使用的敬语法有严格的要求。박성일（2010）、박성일（2011）以电子邮件和中国版的韩国语教材为研究对象，在分析韩国语敬语使用特色的同时，将口语体敬语法和书面语敬语法进行了适当的对比。박혜경（2006）所探讨的《时事讨论》节目中，对出场人物所使用的敬语法分性别、年龄进行了考察分析。其三，敬语法活用论方面的研究。김경희（2003）、김재민（2004）、김경희（2005）、이경우（2008）以敬语法使用的话语环境、参与者的现场性为切入点，着重探讨和分析了压尊法使用的内在动因。이경우（2003）、김정남（2008）、허상희（2012）运用心理学相关原理，解释了敬语法活用的心理因素。其四，主体敬语法、客体敬语法、相对敬语法研究。황문환（2003）、남미정（2007）、남미정（2011）着重分析了16、17世纪及近代韩国语中的相对敬语法的使用状况。除此以外，还有关于敬语法助词方面的研究如先行助词“시”，表敬词缀“님”“씨”等

方面的论文数十篇。韩国语敬语法的研究可谓是百花齐放，从不同的层面、不同的视角、不同的语料选用对敬语法进行了分析研究。

二　韩国语敬语词研究

与敬语法研究相比，敬语词研究成果相对较少，基本上以专词性或者称谓敬语研究为主，专门研究阐述韩国语敬语词与传统儒文化关系的成果近乎空白。在中韩跨文化交流过程中，中韩敬语词的对比研究也成了中韩语言学界所关注的热点，研究成果多以中韩敬语法体系、专词类敬语词对比为中心，而联系儒家礼文化的中韩敬语词对比成果很少。现将韩国语敬语词的研究成果进行归类，概述如下：

（一）韩国语敬语词的语义研究

国内外关于韩国语敬语词的语义研究主要包括称谓语敬语词的语义研究和专词型敬语词的语义研究。称谓敬语研究以具体语料为研究中心的包括：박은하（2010）选用韩国 2007 年 MBC 和 2009 年 SBS 播放的电视连续剧为研究对象，对不同的出场人物所使用的称呼语和敬语法阶称做了调查。调查结果显示，男、女主人公所使用的称呼语无论是在类型上还是语言活用中都存在诸多差异。这种差异性反映了古代社会男尊女卑的封建思想。양영희·송경안（2009）对“당신”的语义变迁和语用进行了考察和研究。16 世纪“당신”作为第三人称指示代词用于贬义。17 世纪用于尊称。从 18 世纪开始，“당신”可以作为第二人称使用。语用中“당신”除了用于夫妇之间，还可以用于男性指称男性或女性指称男性。而女性指称女性的时候通常不使用“당신”。이정복（2006）以高中生所使用的网络通信语言为语料，从三所高中抽出高二学生文科 136 名、理科 129 名作为研究对象，着重考察了网络语中的“老师”“父母”的称谓语变体情况及不同语义变体的语义差异。

（二）韩国语敬语词的泛论研究

李仁燮（1981）以韩国首尔市内男中学生为研究对象，分年级调查和分析了学生敬语使用的驱动心理，并从心理层面对学生敬语法的误用作出了解释。其中，该论文所揭示的敬语使用驱动心理主要包括：尊重心理、距离心理、话语环境驱动心理。李圭昌（1992）在论述韩国语敬语法的过程中，提出敬语使用的语用规则和礼貌原则也适用于敬语词，但没有进行实证研究。

신현숙（1994）从认知学角度对敬语法和一些敬语词进行了分析。认为敬语词的音节长短、声音高低与人们的主观心理距离和客观环境有联系，并主张研究语言现象不仅要考虑对话双方及话语主体的年龄、地位、性别的差异，还要结合现实世界、话者的认知、语言社会的构造等，进一步挖掘语言背后的深层文化因素。박찬옥 · 조희진（2001）从共时层面对日常生活中的人称代词敬语形式作出了总结。

이정복（2002）运用调查法，分析了不同话语环境（家庭范畴、社会集团范畴）中敬语词缀“님”和“시”的使用情况。分析结果显示：家庭成员之间，带词缀“님”的称谓敬语很少使用，而社会团体中，表示对对方尊敬或者表示对不在场的第三者尊重时，敬语词缀“님”使用频度较高。廉光虎、池水涌（2003）不仅从历史层面考察了15—20世纪初的韩国语敬语法的变迁，而且还选用几部电视剧的脚本，对不同语境下常用敬语词的活用做出了分析和解释。이경우（2004）以1997—2001年放映的几部比较有名的电视剧作为研究对象，运用社会语言学的统计法，整理出婆媳之间、公公和媳妇、丈母娘和女婿、丈人和女婿，等血亲、姻亲之间敬语词使用的状况，并将统计结果与韩国历史上三国时期的状况进行对比分析，得出结论。정길남（2004）以开化期的韩国语教材为研究对象，运用统计法统计出教材中出现的敬语法形式，并将其与现代韩国语教材中出现的敬语形式做了对照分析，其中

敬语词有所涉及。

金炫兑（2002）以居住在北京的100名韩国留学生为调查对象，以面谈的形式对韩国留学生的汉语称谓包括称谓敬语的使用做了问卷调查，并就调查结果，着重从母语文化的正负迁移角度分析了中韩称谓敬语差异性。황문환（2007）对朝鲜时代谚文资料中夫妇间的称呼语进行了考察，并归纳和分析了称呼语和话阶的对应关系。이장희（2009）以朝鲜时期的小说《사씨남정기》为研究对象，着重考察和分析了代名词包括人称代词的敬语形式。研究结果显示：朝鲜时期人称代词的使用取决于对话双方，即听话人和说话人的身份、年龄、排行、性别、婚姻状况等纵向关系和对话双方所属范围（家族/非家族）、所属原因（婚入/非婚入）、相互关系（友好关系/敌对关系）、话者一方的态度（友好/非友好）、指称对象的话语环境参与与否（现场性/非现场性）等。

（三）中韩敬语词对比研究

中韩敬语词对比研究主要以专类型称谓敬语词对比研究为中心。袁云霞（2008）主要从共时层面描写了现代韩中社会称呼语的使用情况，并对比分析了韩中社会称呼语的语义差异。称谓敬语的语义分析在该论文中有所涉及，但是历史层面的语义分析几乎没有被提及。韩在均（2000）、齐晓峰（2004）、赵钟淑（2008）从语义层面着手，从共时层面着重分析了汉韩古代亲属称谓敬语词。迟丽娜（2009）、李侑信（2010）以社会称谓语为研究对象，前者对中韩现代社会称谓中的拟亲属称谓的语源、历史变迁进行了考察和描写，并从社会语言学、认知心理学、语言等层面分析了中韩社会称谓语中拟亲属称谓及个别通用称谓敬语的差异。后者结合具体的语言环境，运用历史语言学的方法，分析了中韩比较容易混淆的称谓语。在这两篇论文中，社会称谓的尊卑形式只是有所涉及，没有被深入地探讨。金英喜（2010）运用描写法，在对比中韩亲属称谓语的过程中，考察了敬语词“서방님”的语源。诸

同镐（2004）从共时层面出发，设置不同的语境对现代韩国语的尊称代词进行了描写。崔顺喜（2007）以中韩人称代词为研究对象，将汉语第二人称“您”和韩国语表敬第二人称“어른（귀하，각하，귀댁）댁、당신、자네”做了对比；对社会称谓中的职场称谓，根据尊敬程度归纳为“职称+님→姓+职称+님→姓名+씨→名+씨→名+형→姓+职称→姓+씨→姓+형→姓+군→姓名+군→名+군→姓名→名→名+야”等。朴锦海（2007）、崔文婷（2010）运用对比分析法，分别考察了汉语和韩国语关于敬语法的分类，运用列举、举例法着重从共时层面分析了汉韩敬语词和敬语法语用差异。

（四）韩国语敬语词教学法研究

在韩国语词汇教学法研究中，以称谓语为研究对象的相对较多。손춘섭（2010）将韩国语的称呼语分成“名词+词缀型、依存名词型、名词型、代名词型”四种类型，并举例阐述这四种类型具体的使用情况，归纳出其具体使用规律和教学对策。胡维茜（2012）以国内二语习得者为研究对象，运用社会语言学的调查法考察和分析了韩国语称谓语的教学法，提出了“导入—展开—整理—评价—发展”等理论假设。该假设在付诸实践的过程中对敬语词的教学研究具有一定的指导意义。박상천（2004）运用社会语言学的调查统计法，统计出韩国延世大学、庆熙大学、梨花女子大学国语专业的韩国语教材中出现的称谓语。以在韩各国留学生为研究对象，分年级调查了在不同语言环境下留学生所使用的韩国语称谓语状况，并就现阶段韩国各大学和各国留学生称谓语中存在的问题提出了解决方案。以上教学实践中所总结出的方案和理论对敬语词教学起到了积极的借鉴作用。

关于韩国语敬语词研究的局限性总结如下：第一，把韩国语敬语词纳入韩国语敬语法范畴来讨论，在众多相关研究中，只是有所涉及，并没有进行深入的探讨、分析；第二，对韩国语敬语词的研究主要集中在称谓敬语的专词、专类型研究上，以韩国语敬语词体系为研究对象的成果很少。第三，韩国语敬语词研究多局限在语言学研究领域，将韩国语敬语词与韩国儒家礼文化结合研究的相关成果尚属空白。

第三节 论题研究理论路径与方法

一 语料采集

以韩国《标准国语大辞典》中收录的敬语词为研究对象，在对这些敬语词分析的过程中参考了韩国历史资料如:《三国史记》《三国遗事》《高丽史》《朝鲜王朝实录》《高宗、纯宗实录》，15—19 世纪的谚文中的例句，高丽大学统计出的现代韩国语词汇表，还对一些韩国语语料库中关于韩国语敬语词的例句进行了采集和分析。

二 多维度研究方法

1. 综合归纳法。对韩国《标准国语大辞典》中的敬语词进行分类、整理，并将其置入儒家文化传承史中进行归纳分析。

2. 对比分析法。在对韩国儒文化的传承和韩国语敬语词传播的分析当中，将韩民族的敬语词及儒文化的传承与汉语敬语词及汉民族的儒文化进行适当的对比，找出其固有的特性。

3. 共时和历时描写法。利用共时描写法对韩国《标准国语大辞典》中收录的敬语词进行分类描写，利用历时描写法对个别词汇进行描写分析。

4. 认知语义分析法。运用认知语言学的分析法，将韩国语敬语词和人们的具象思维联系起来，对敬语词的语义进行分析研究。

5. 实地调查体验法。因本人获得中央民族大学“211”项目的资助曾到韩国访学一年，利用此机会对现代韩国敬语词的使用现状进行了实地调查，对韩国儒家礼文化的传承进行了亲身体验。还通过深度访谈法得到了韩国当今社会儒家礼文化思想意识形态的第一手资料。

三 研究的理论依据

（一）哲学理论

哲学是一种社会意识形态，是理论化、系统化的世界观。哲学观念下的世界观是说世界是相互联系的，永恒发展的；用联系的观点和发展的观点看待事物和问题符合唯物辩证法。哲学理论主要包括三方面内容：对立统一、否定之否定、量变质变规律。第一，对立统一规律又称为矛盾规律，是唯物辩证法的实质和核心，注重事物发展的内因和外因，揭示了事物发展的源泉和动力。第二，否定之否定观点就是唯物辩证法中说的辩证否定。在自我否定的同时，求发展。辩证的否定中的联系与发展是两个不可分割的环节，其实质是“扬弃”，即保留积极健康的内容，舍弃腐朽愚昧的内容。第三，量变质变规律认为一切事物都是质和量的统一体。量变和质变不可分割，相互关联。量变是质变的条件，质变是量变的结果。同样，敬谦语是社会的、历史的产物，我们应以历史的、具体的、发展变化的、普遍联系的观点，从因和果、共性和个性、内因和外因的辩证关系来考察探索敬语词发展的内在规律。

（二）系统论

“系统论”是定量地描述其功能，寻求并确立适用于系统的原理、原则和模型。系统论提倡把事物分成若干部分，抽象出最简单的因素，然后再以部分的性质去说明复杂事物。这种方法着眼于局部各要素，遵循单项因果决定论。系统分析方法综观全局，把所研究和处理的对象，当作一个系统，分析系统的结构和功能，研究系统、要素、环境三者的相互关系和规律性。系统论不仅仅在于认识系统的特征和规律，更重要的还在于利用这些特征和规律去控制、管理或改造、创造系统，使其的存在与发展满足人们的需求。本书将运用整体论、系统论，建立韩国语敬语词的分类系统、语义系统、历时比较系统及文化阐释系统。

（三）语言学及其分支学科的理论

1. 结构主义语言学理论。结构主义语言学认为语言是一个完整的符号系统，具有分层次的形式结构；在描写语言结构的各个层次时，要注重分析各种对立成分。除此之外，结构主义还重视共时语言（也就是口语）的研究，强调分析、描写语言的结构系统；从不孤立地看待语言要素，认为语言的一切都奠定在关系的基础上。

2. 认知语义学理论。认知语言学认为，人的语言能力并不是一种独立的能力，而是跟人的一般认知能力紧密相关；句法作为语言结构的一部分，跟语言的词汇部分、语义部分密不可分；语义是主观和客观的结合，研究语义要涉及人的主观看法或心理因素；语言中的各种单位范畴，和人所建立的大多数范畴一样，边界不明确，具有非离散性。认知语义学倡导分析语言就应将历时与共时相结合，语义学与语用学相联系，形式与意义相统一、语言意义与百科意义相融合。同时，坚持体验观、百科观、语境观，采用多交叉的视角对词汇意义进行研究。其内容主要包括：原型范畴理论、概念隐喻和概念转喻理论、理想化认知模式和框架语义学、词义演变的认知解释。

3. 语用学理论。语用学是专门研究语言的理解和使用的学问。它研究在特定情景中的特定话语，研究如何通过语境来理解和使用语言。通常要通过一系列心理推断，去理解说话人的实际意图。从发展的观点看，语用学是一种对意义的研究。它所研究的是语言在一定的语境中使用时体现出来的具体意义。这里的语境包括交际的场合（时间、地点等）、交际的性质（话题）、交际的参与者（相互间的关系、对客观世界的认识和信念、过去的经验、当时的情绪等）以及上下文。语境直接影响着人们对话语的理解和使用。换言之，某些具体的言语行为是否得体须依据其使用的语境，离开了语境就使判断本身失真或失去意义。

4. 文化语言学理论。语言与文化即相互依存又相互影响。语言是文化的载体；文化对语言有反作用。自 20 世纪以来，人类语言学家都强调语言的社会属性，认为语言和它所赖以生存的社会环境分不开，因此我们研究语言就应当把语言置于社会文化的大环境中研究。

文化语言学讲究宏观研究和微观研究相结合，其研究方法包括：文化透视法、语言符号文化解读法、文化比较法、学科交叉研究法。第一，文化透视法。透过语言现象对其背后的文化背景进行探究，从而了解语言和文化的渊源关系。第二，语言符号文化解读法。语言作为民族文化的载体，对文化的建构、传播和传承具有关键的作用。语言符号的文化解读，就是要阐述和解释符号的文化意义。第三，文化比较法。通过两种语言在语音、语法结构和语用上的差异来解析语言产生差异的文化根源。第四，交叉学科研究法。就是立足语言学与其他学科多方面交流，借鉴和吸取其他学科的研究方法，将多种学科的指导方法应用于语言学，将多种方法与语言学方法相互渗透和融合，如融会和贯通语言学上的共时描写法、历时分析法、社会学上的社会调查法，以及其他学科的统计法、历史研究法等。

第一章

韩国语敬语词与儒家礼文化的渊源关系

第一节　韩国语敬语词概述

一　韩国敬语词的界定

英语中没有“谦语”的专用词，敬语的专用词是“Honorific”。汉语中既有把“敬”和“谦”相提并论的合称，如“敬谦辞”“敬谦词”“敬谦语”“谦敬辞”“谦敬词”“谦敬语”，也有分称，如“敬辞”“敬词”“敬语”和“谦辞”“谦词”“谦语”。

在语言学的语法分支领域内，“词”被视为具有一定语音形式、表示一定意义，能够用于造句的最小语言单位。“语”主要用于指短语、语句，从而与“词”相对应；“辞”不是语法单位，在语法领域中替代不了二者。词、辞这两个字，有时相通，如“词典”也可作“辞典”，但也有区别。词，通俗些；辞，具有文体色彩。实际上，若追根溯源，“词”“辞”“语”都有“言语、言辞”之义，三者在这一义项上是同义的，这大概是汉语“敬谦辞”“敬谦词”“敬谦语”三种说法共存的原因。

在汉语敬语表达系统中，以词汇为主，因此，出现了敬谦词和敬谦语的合称。而韩国语和汉语分属于不同语系，对敬谦语的

界定也有很大的差异。韩国语的黏着语特征决定了韩国语的敬语表现形式多通过语法形态和词汇共显来实现。这种共显既是指词汇敬谦表现要借助语法敬谦表现形式，又指话语环境中敬语词和敬语法的相互作用。如一些词汇在实际的语用中通过其后附加标记性的语法后缀“님”“씨”来实现其表敬目的。韩国语的语法标记形态按照说话人的语言尊敬与否的态度分成尊、平、卑等多个等级。韩国语中的敬语法词汇部分也多通过这种等级的划分来表现尊敬的程度，并在敬语表现形式中起一定的作用。韩国语的敬语表现形式包括语法表敬形式和词汇表敬形式，其中语法表敬形式占主要地位。因此，在前人关于敬语法的研究中，敬语词常常被纳入语法范畴来讨论，通称为敬语法。韩国《标准国语大辞典》中关于韩国语敬语法的定义是：“남을 높여서 말하는 법 문장의 주체를 높이는 주체 높임，말을 듣는 상대편을 높이는 상대 높임법이 있다。”（对对方尊敬时所用的语言表达，包括对句子主体尊敬的主体敬语法和对听话人尊敬的相对敬语法）该含义囊括了敬语词表现范畴。前人的敬语法研究中常常把敬语词看作和敬语语法表现共存的表敬语言形式。敬语词的语用表现离不开敬语法的标记，敬语法的标记形式又受敬语词的制约。没有敬语语法标记的韩国语敬语表现形式不符合韩国语语言特征，表敬不成立。没有敬语词的语法标记只是形式上的表敬表现，没有实在意义。韩国语敬语词既包括“敬”的表达，也包括“谦”的表达，表达敬意的词语是敬词。敬词和谦词相对，谦和敬两者同体共存、相依相生，它们相传又相承，相反又相通。谦也是为了敬，愈是“抑己”就愈显得“扬他”，相逆又相向，难分彼此。敬语词中的敬词和谦词语用目的相同，都是为了表示对语境中对象的尊敬。为了与语法层面的表敬形式相对应，本书将词汇中的敬词和谦词合称为敬语词。将敬语词和表敬语法形式合称为“敬语法”。“敬语法”概念中体现了敬语语法形式的主导地位，因此，在先行研究中，学者们

过多地关注敬语语法形式的研究，而忽视了敬语词的研究。

二　韩国语敬语词的分类

关于韩国语敬语词的分类，代表性研究成果有朴钟锦（1998）从语法层面将敬语词分成敬词和卑词。敬词包括主体敬词、客体敬词、直接敬词和间接敬词。卑词包括直接卑词和间接卑词。廉光虎、池水涌（2003）从词汇层面将韩国语敬语词细化为“褒义、中性、贬义”。金青龙（2007）从词汇的语源上将韩国语敬语词分成固有敬语词、汉字敬语词、外来敬语词和复合敬语词。复合敬语词包括“汉字词+固有词”型和“固有词+汉字词”型。许凤子（2008）从词汇范畴角度将韩国语的敬语词分成体词类和用言类（动词和形容词的合称）。从韩国语敬语词的结构上来看，许多敬语词是由敬谦语素和词根或者词根和词缀合成的，敬谦语素和词缀的显性标记使得该词汇的敬语范畴一目了然。因此我们可以将这类词汇称为标记型敬语词。与此相对，没有敬谦语素或词缀显性标记构成的敬语词可以称为非标记型敬语词。

标记性敬语词包括从汉语中借用过来的汉字词，也包括韩国语所固有的敬语词。其中，汉字标记型敬语词占多数。代表性的标记型敬语词有“单音节汉字敬谦语素+词根型”“词根型+汉字敬谦语素”“词根型+韩国固有词敬谦语素”。

（一）标记型敬语词

1. 单音节汉字敬谦语素+词根型

首先，根据形容词性敬谦语素的标记性语义特征大致可以分为以下几类：

（1）表尊贵、高大之意的敬语素“고（高）、귀（贵）、대（大）、존（尊）”

①称谓型

대（大）-대각세존（大觉世尊）대감（监）대군（君）대기

(己) 대사 (师) 대사문 (大沙门) 대성 (大圣) 대순 (大舜) 대신 (神) 대신사 (神师) 대왕 (王) 대원수 (元首) 대원위 (院位) 대인 (人) 대제 (帝) 대종사 (宗师) 대행자 (行者) 대화상 (和尚) 대형 (兄)

고 (高) -고당 (堂) 고승 (僧)

존 (尊) - 존고 (姑) 존공 (公) 존구 (舅) 존구고 (舅姑) 존모 (母) 존백모 (伯母)

②非称谓型

抽象名词: 대 (大) -대덕 (德) 대명 (名) 대법 (法) 대찰 (札) 대효 (孝) 대훈 (训)

고 (高) -고명 (名) 고명 (明) 고문 (文) 고성 (姓) 고의 (意) 고의 (谊) 고저 (著) 고정 (情) 고풍 (风) 고헌 (轩) 고화 (话) 고훈 (训) 고견 (见) 고교 (教) 고담 (谈) 고람 (览) 고려 (虑) 고론 (论) 고면 (免) 고청 (听) 고문 (闻) 고비 (批) 고비 (庇) 고영 (咏) 고의 (议) 고제 (制) 고찰 (察) 고평 (评)

귀 (贵) - 귀경 (庚)、귀업 (业)、귀의 (意) 귀회 (会) 귀명 (命) 귀국 (国) 귀체 (体) 귀족 (族) 귀지 (志) 귀회 (会)

场所名词: 고옥 (屋) 귀가 (家) 귀사 (社) 귀소 (所) 귀댁 (宅) 귀관 (馆) 귀교 (校)

事物名词: 고문 (高文) 고문 (门) 고서 (书)

(2) 表示美好的敬语素 "현 (贤)、자 (慈)、혜 (惠)、방 (芳)"

①称谓型

현 (贤) -현매 (妹) 현부 (父) 현부인 (夫人) 현서 (婿) 현식 (息) 현제 (弟) 현질 (侄) 현수 (首) 현형 (兄)

자 (慈) - 자고 (姑) 자존 (尊) 자친 (亲) 자형 (兄)

영 (令) -영감 (令监) 영부인 (令夫人) 영사 (令嗣) 영손

(令孙) 영식 (令息) 영애 (令爱) 영자 (令姊) 영제 (令弟) 영처 (令妻) 영형 (令兄) 영대인 (令大人)

방 (芳) –방찰 (札) 방서 (书) 방음 (吟)

②非称谓型

抽象名词: 현 (贤) –현람2 (览) 현려2 (虑) 현찰2 (察)

혜 (惠) –혜념 (念) 혜량 (谅) 혜려 (虑) 혜송 (送) 혜시 (示) 혜투 (投)

방 (芳) –방계 (契), 방명 (名) 방명 (命) 방묵 (墨) 방신 (身) 방안 (颜) 방정 (情) 방용 (容) 방음 (吟)

(3) 表崇高的"성 (圣)"

①称谓型

성 (圣) –성도 (徒) 성모 (母) 성사 (师)

②非称谓型

성덕 (德) 성면 (面) 성모 (谋) 성몽 (梦) 성문 (文) 성문 (门) 성세 (世) 성수 (寿) 성심 (心)

(4) 表示辈分"长、大"的敬语素"先、老"

①称谓型

선 (先) –선대부인 (大夫人) 선대왕 (大王) 선대인 (大人) 선완장 (阮丈) 선조모 (祖母) 선조부 (祖父) 선처댁 (妻宅) 선부군 (父君)

노 (老) –노공 (公) 노군 (君) 노대인 (大人) 노부인 (夫人) 노불 (佛) 노사 (师) 노선생 (先生) 노야 (爷) 노인장 (人丈) 노장 (丈) 노존 (尊) 노환 (患)

②非称谓型

场所名词: 로댁 (宅)

抽象名词: 노덕 (德) 노체 (体)

(5) 表示珍贵的"보 (宝)"

보 (宝) – 보계 (戒) 보권 (眷) 보담 (覃) 보령 (龄) 보운

(运) 보체 (体) 보축 (轴) 보탑 (塔) 보호 (号)

(6) 表示表卑贱，愚拙之意的谦语素“우 (愚)、비 (卑)、천 (贱)、폐 (弊/敝)”

①称谓型

천식 (贱息) 천신 (贱身) 천자 (贱子) 우형 (愚兄) 우생 (愚生) 우제 (愚弟) 우형 (愚兄) 우민 (愚民) 우생 (愚生) 우신 (愚身) 우자 (愚姊) 우처 (愚妻)

②非称谓型

场所名词：우 (寓) →우거 (寓居) 비 (鄙) →비지 (鄙地) 폐 (弊) →폐가 (弊家) 폐관 (弊馆) 폐교 (弊校) 폐국 (弊国) 폐사 (弊社) 폐읍 (邑) 폐점 (弊店)

事物名词：

우 (愚) -우고 (稿) 우독 (秃) 우론 (论) 우서 (书) 우안 (案) 우찰 (札) 우초 (草) 비 (卑) -비문 (卑门)

抽象名词：

우 (愚) →우견 (愚见) 우계 (愚计) 우의 (愚意)

비 (鄙) →비계 (鄙计) 비사 (鄙词) 비원 (鄙愿) 비유 (鄙儒) 비장 (鄙莊) 비제 (鄙第) 비사 (鄙词) 비족 (鄙族)

비 (卑) →비사 (卑辞)

천 (贱) →천령 (贱龄) 천사 (贱事) 천자 (贱子) 천재 (贱才) 천조 (贱曹) 천질 (贱质)

(7) 表示地位低下的“小、下、寸”

①称谓型

소자 (小子) 소제 (小弟) 소사 (小师) 하관 (下官) 하생 (下生)

②非称谓型

抽象名词：소 (小) →소고 (小考) 소술 (小术) 소론 (小论) 소지 (小志)

촌（寸）- 촌성（寸诚）촌심（寸心）촌절（寸节）

하（下）-하량（谅）하림（临）하명（命）하송（送）하탁（托）

옥（玉）-옥면（面）옥보（步）옥성（声）옥운옥음（音）옥자（姿）옥체（体）옥필（笔）

가（家）- 가속（家属）가권（家眷）가아（家儿）

从以上例子中，我们可概括出韩国语敬语词中汉字标记性语素的以下特征：

首先，汉字形容词性语素的制约性与虚拟性源于韩国语汉字借用词的表敬语素在语义上对敬语词的制约。由此决定着敬语词的表敬性质、表敬类型与表敬程度。如："高、大、尊"等形容性语素，带有明显的美颂性，与相关的名词动词组合，用以指称对方或与对方有关的事物，一般构成美化性敬语。"小、卑、贱"等形容性语素，带有贬低性，与相关的名词组合，用于指称自己或与自己有关的事物，一般构成自贬性谦语。就敬语素的词义本身来说，本是有实在意义的，在进入敬语范畴后，原来的实义有所虚化，成为词缀或准词缀。如"愚兄""愚见"中的"愚"，本义是"愚笨"，在"愚蠢"中是这个意思。"愚兄"中表示谦恭，韩国语将其借用过来后记作"우형"（愚兄）。其中"우"（愚）语义也是由"愚蠢"实义虚化而来。

其次，形容词性语素概念义兼具同义聚合性与色彩义的敬谦对立性。由于汉语表意文字的特征，敬谦语中存在大量的同义现象。之前所述对形容词敬谦语素的分类就是按照同义聚合进行分类的。如表"尊贵、高大"之意的敬语素有"고（高）、대（大）、존（尊）、귀（贵）"；表"美好"的敬语素有"현（贤）、자（慈）、혜（惠）、영（令）"；表"卑贱、愚拙"之意的谦语素"우（愚）、비（卑）、천（贱）、폐（弊/敝）"。除了同义语素聚

合之外，概念义同义聚合还包括“色彩义敬谦对立同义聚合”，如：

A：영존（令尊）、영당（令堂）、영형（令兄）、영랑（令郎）

B：가엄（家严）、가자（家慈）、가형（家兄）、가돈（家豚）

“色彩义敬谦对立同义”聚合中的“同义”表示同一概念，同一事物，同一行为。如上例中，从概念上来看，“영존（令尊）、가엄（家严）”都是指“父亲”，是同义词，是异词同指。可是，从礼貌色彩上来说，这两个词又是对立的，一个表敬，一个表谦，是绝对不能混淆的。这些汉字词被借用到韩国语后的特征依然明显。

最后，汉字敬谦语素在数量上具有封闭性，而在构词上则极富生成性。汉语敬语表敬语素的数量处于有限的封闭性状态。因此，被借入到韩国语的表敬语素也具有这个特点。即在有限的汉语古代表敬语素中，一些成词表敬语素如“帝、王、君、子、公”被借用到韩国语中被记作“왕（王）、군（君）、자（子）、공（公）”。不成词表敬语素如用来修饰动词的一些副词性表敬语素“硕、淑、贤、吉、垂、嘉、佳”① 和一些表敬的动词性表敬语素“伏、恭、垂、拜、叩、启”等并没有被借用到韩国语中，而是结合了韩国语固有的黏着语特征，通过表敬的语法形态来表示。因此，与汉语相比，韩国语表敬语素的数量更有限、更具封闭性。就表敬语素的构词能力开放性而言，多数表敬语素和汉语一样，一个常用的表敬语素往往通过各种语法手段或前加或后加，其后所接的词性也不受限制，有的敬谦语素可以和人物名词、场所名词、方位名词、抽象名词、形容词、动词等其他语素组合，生成许多不同的敬语词。

① 刘超班：《古代汉语表敬语素的特点及其类型》，《湖北师范学院学报》1999年第3期。

2. 词根型+汉字敬谦语素

(1) 词根+댁（宅）

본가댁（本家宅）、소실댁（小室宅）、시댁（媤宅）、외가댁（外家宅）、외댁（外宅）、처가댁（妻家宅）、친정댁（亲庭宅）、대소댁（大小宅）、과부댁（寡妇宅）、본댁（本宅）、사돈댁（查顿宅）、주인댁（主人宅）、사댁（舍宅）、신댁（新）、빙댁（聘宅）、환댁（还宅）、제댁（诸宅）

韩国传统社会经常使用“名词（地名）+댁”这样的宅号来称呼女性。这是典型的从地名称呼语。在过去身份社会，为了长时间维持上流社会的威信，在称呼一些从同姓集成村嫁过来的女性时，常常使用从地名宅号。① 在传统的文化作品中，根据女性的社会地位常常有如下三种针对女性的称谓。第一种是对门第很高的两班家庭女主人的尊敬称谓。如“夫人型（부인형）→청암부인（青岩夫人）、郑夫人（정씨부인）、朴夫人（박씨부인）”；第二种是对两班家的女主人的普通称谓。如“댁형（宅型）→ 인월댁、율촌댁、오류골댁”；第三种是对平民或者身份较低的女性的称呼，被归为“네형”。如“점봉이네，콩심이네，평순네등”。其中，第二种根据女性的出生地称呼上流层女性的从地名称呼“名词（地名）+댁”型随着身份等级社会的瓦解，已经不再使用。即使在某些长辈层中对上了年纪的女性称呼从地名，也是为了要传达该女子的出身地等相关信息，并没有等级的区分。②

(2) 词根+汉字敬语素“공”（公）

견공（犬公）、국태공（国太公）、민충정공（文忠正公）、부

① 과거 신분사회에서는 상류층으로서의 사회적 위신을 오랫동안 유지한 동성집성촌에서 혼인한 여성에 대한 별호로서 이러한 종지명호칭을 널리 사용했다. 손춘섭·강희숙·양영희, “전남방언 여성호칭어의 사회언어학적 변이와 변화에 대한 연구” 호남문화연구 44 권, 2009：265 면.

② 위와 같은책, 265 면.

공（父公）、우공（牛公）、원공（猿公）주공（主公）、충무공（忠武公）、진국공（镇国公）

韩国语“공（公）”源于汉字借用字“공（公）”。在古代汉语中可以指“君王”如《左传·庄公十年》中“十年春，齐师伐我，公将战”。韩国语也用“주공 01（主公）”来指称“君王”。公，还可以接在一些固有名词后面表示尊敬。字典中收录的有“목면공（木绵公）”“충무공（忠武公）”“태사공（太史公）”。相关语料中收录的有“등문공（滕文公）”“이충무공（李忠武公）”“제공（諸公）”“유신공（庾信公）”。韩国语中的“공（公）”还可以做依存名词接在姓氏的后面，表示对该人的尊敬，如“김 공/이 공/김철수 공”。“공（公）”还可做第二人称代名词与现代汉语中的“당신，댁”等同，表示对听话人的尊敬。除此之外，“公”还可以表示对第三者的尊敬。①

（3）词根+汉字敬语素“군”（君）

낭군（郎君）、내군（内君）、부군（夫君）、부군（府君）、사군（师君）、부군（父君）、진군（真君）

“군（君）”，汉语借用词。古代大夫以上据有土地的各级统治者的通称。东汉·许慎《说文》载：“君，尊也。”“군（君）”在古代封建社会还可以视作封建制度的一种尊号，尤指君主国家所封的称号或封号。《战国策·魏策》云：“君以十五之地存。”又如：平原君、春申君、武安君。韩国语中有“성녕군（诚宁君）、혜녕군（惠宁君）、성녕대군（诚宁大君）、경녕군（敬宁君）、복성군（福城君）”。“君”还可以引申为人的尊称，相当于汉语“您”。例

① 对第二人称尊敬时：세월은 가인의 얼굴을 주름으로 덮고 용사의 더운 가슴을 식게 한다더니 바로 공을 두고 이른 말 같소이다.《이문열，황제를 위하여》对第三人称尊敬时，¶ 나에게는 아직도 천하를 근심하고 왜적의 발호（跋扈）에 비분강개하시던 공의 목소리가 귓가에 쟁쟁하오만….《이문열，황제를 위하여》국립국어원，표준국어대사전，두산동아，1999 년，（http：//naver.com）.

如“君有疾(《韩非子·喻老》)”;“君之病在肌肤。君之病在肠胃。况君前途尚可。《世说新语·自新》)”;“落花时节又逢君(唐·杜甫《江南逢李龟年》)”;祝君早安;请君光临;君子不羞当面(君子不以当面把话说清楚为羞)。韩国语借用汉字“君”用作第二人称。如“군(君)은 앞으로 무슨 일을 하려는가? /작일(昨日)은 여러 가지로 군(君)에게 실례되는 점이 많았다고 보네.《김동리, 까치 소리》”。后来“君”虚化成依存名词接在姓或名的后面,限于对朋友和年龄比己小的人称呼时使用。在尊重对方的同时,还表达了一种亲切的态度。汉语如“诸君,李君,王君”,韩国语如“김형수 군/김 군”。韩国语中,当“君”作为依存名词接在称呼长辈或地位高的名词前时,表示对长辈的尊敬。如“낭군(郎君)——敬称别人的儿子”“내군 01(内君)——敬称别人的夫人”“부군 01(父君)——对别人父亲的尊称”“부군 02(夫君)——对别人丈夫的尊称”“부군 03(府君)——对死去的父亲或男子主上的尊称”,其异形同义语“현고(顯考)”。“사군 05(师君)——对老师的尊称,其异形同义语为“스승”。在汉字借用过程中,一些词的词义缩小。如“夫君”在古代汉语中不仅仅是妻对夫的尊称,也可用于妻子称丈夫的母亲以示尊敬。但借用到韩国语中,这种用法不再使用。关于中韩敬语素“公”和“君”的语用范围的差异就像黄宗羲在《金石要例》中所云:“名位著者称‘公’,名位虽著,同辈以下称‘君’。”

(4) 词根+汉字敬语素“장”(丈)

백부장(伯父丈)、사장(查丈)、숙부장(叔父丈)、어장(鱼丈)、완장(阮丈)、위양장(渭阳丈)、조부장(祖父丈)、춘부장(椿府丈)、주인장(主人丈)

敬语素“丈”原本是指长度单位,《说文解字·十部》中解释:“丈,十尺也,从又,持十。”后来根据人们的空间感知,人们将“丈”与男子的身高联系起来。根据古代的尺码,一个成年男子约有一丈高，所以古人称成年男子为“丈夫”，而称那些伟男子，则为“大丈夫”。“丈”由此具有【+男性】义素特征。后来妻子称自己的男人也叫“丈夫”，此外，还可用作对长辈的尊称。如“丈丈（对尊长的敬称）、老丈、岳丈”。“丈”由此又具有了【+长辈】义素特征。韩国语借用汉语“丈”的义素特征创造的敬谦词也用来尊称男性长辈。

（5）词根+汉字敬语素“형”（兄）

계방형（季方兄）、도형（道兄）、맹형（盟兄）、법형（法兄）、사형（师兄）、인형（姻兄）、제형（诸兄）、준형（俊兄）、교형（教兄）

兄的本义是兄长。即兄，长也。《说文》中男子先生为兄。《尔雅》中“兄”是对父或母所生而比自己年龄大的男性血亲的称呼，有时泛指一切男性同辈兄长，如“表兄、堂兄”等。出于谦虚，在古代社会里，也称所有男性同辈为“兄”。事实上，年龄可能比自己小，如“谢兄”“周兄”等。由于男性兄长具有的权威，引申出领导者含义，汉语的“大哥、老大、大佬”和韩国语的“형님”在民间普遍被使用。除此之外，还有一些构词能力不是很强的汉字敬语素如“词根+양반（两班）、부인（妇人）、마마（妈妈）、대감（大监）”等；汉字敬语素如만 양반（两班）、벼슬양반（两班）、안부인（妇人）、영등마마（妈妈）、터줏대감（大监）等。

以上由固有词和汉字词结合的复合敬语词几乎都是称谓敬语形式。从以上构词的结构上看，汉字词是该复合词中的核心词汇，固有词多半是起修饰作用，两者结合构成偏正式的复合结构。固有词的词性涉及普通名词、方位名词、冠形词以及形容词。韩国语固有的词数量上的有限性、语用中的独立性是韩国语“固有词+汉字敬语素”能产性较弱的一个重要原因。

3. 词根型+韩国固有词敬语素

(1) 词根型+韩国固有词敬语素“님”

韩国语中尊他时的表敬语素“님”在古代新罗乡歌《薯童谣》中，用汉字“主”来标记如，“善化公主主”。“님”在十五、六世纪时也表示过“主”的意思。它可以表示“国王”，也可以表示“郎君”。可见“님”的本意是“主人”。后来在长期使用中，逐渐演变成为表示尊敬的后缀成分，译成汉语通常为“大人，老爷”等之义。对长辈、年长者、主人、贵客等用“님”以示尊敬。[①] 如亲属称谓“아버님（父亲大人）、어머님（母亲大人）、누님（大姐）、형님（大哥）、고모님（姑母）、고모부님（姑母夫）、고조할머님（高祖母）、고조할아버님（高祖父）、백모님（伯母）、백부님（伯父）、서방님（书房）、숙모님（叔母）、숙부님（叔父）、시부모님（媤父母）、시아버님（媤）、외숙모님（外叔母）、외숙부님（外叔父）、외할머님（外祖母）、외할아버님（外祖父）、이모님（姨母）、이모부님（姨母夫）、장모님（丈母）、증조할머님（曾祖母）、증조할아버님（曾祖父）”等。通称称谓式有“사모님（师母）、고객님（顾客）、사장님（社长）、선배님（前辈）、선생님（先生）、여사님（女士）”等。这些通称称谓都属于汉源汉字词，从形式上看是在汉语的通称称谓名词后加上表尊敬的后缀“님”构成，这种尊称形式根据人们的语言习惯、对话双方的心理距离关系，有些“通称称谓+님”在对话中还可以变形为“姓+通称称谓语+（님）”或者是“名字+通称称谓语+님”。如“여사（女士）+님”在口语中还可以称呼为“한인옥（韩仁玉）여사”。

“선생님（先生）”有时也可以称呼为“姓+선생님（先生）”，如“이 선생님”。“职业+님”构成的形式有“사장님（社长）、회장님（会长）、과장님（科长）”。其中“장（长）”已经包含了尊

① 廉光虎、池水涌：《韩国语敬语形式的研究》，辽宁民族出版社2003年版，第6页。

敬的意味，还有一些职业称谓如“간호사님（护士）、감독님（导演）、강사님（讲师）、교수님（教授）、기사님（司机）、기술사님（技术师）、기자님（记者）、작가님（作家）、화가님（画家）、목사님（牧师）、장로님（长老）、신부님（神父）、변호사님（辩护师）、선생님（先生）、회계사님（会计）”等。在职业称谓语中，并不是所有的称谓语都可以和后缀“님”结合以示尊敬。如“비서（秘书）、경리（经理）、통역（翻译）、경찰（관）（警察）、중개사（中介师）、의사（医生）、종업원（服务员）、안내원（导游）、승무원（乘务员）”等职业称谓一般不和“님”连用。通常在其后附加亲属称谓或表示尊敬的通称称谓“선생님（先生）、아가씨（小姐）、아저씨（大叔）”以示尊敬。如“통역 아저씨（翻译大叔）、통역아가씨（翻译小姐）、경리아저씨（经理大叔）、경리 아가씨（经理小姐）、비서 아가씨（秘书小姐）、중개사 아저씨（中介大叔）、의사선생님（医生先生）、승무원아가씨（乘务员小姐）、안내원 아가씨（导游小姐）、종업원 아가씨（服务员小姐）”。

这些称谓语之所以没有和表示尊敬的后缀“님”结合使用，一方面是因为韩国语敬语法突出年龄的长幼有序，而该职业对性别和年龄有严格要求，通常崇尚年轻化；另一方面是因为以上各职业大部分是服务行业，服务行业人员的宗旨是为大家服务，顾客就是上帝。

“姓名+님”构成形式如“김영수님”，“名+님”的形式很少见。韩国语姓名称谓语最明显的特征是不适用于比自己年龄大或职位高的人。

（2）词根+韩国固有敬语素“씨”

对于初次见面的同龄人，为了表达对对方的尊敬可以选用“姓名+씨”。根据对话双方关系的亲密度还可以用“姓+씨”或者“名+씨”。按照尊敬的程度“姓名+씨”大于“姓+씨”大于“名+씨”。

（3）词根+韩国固有敬语素“스님、어른、분”

객스님（客）、남스님（男）、여스님（女）、군대어른（军队）、노사장어른（老查丈）、장인어른（丈人）、내외분（内外）、량주분（两主）、모자분（母子）

韩国语属于黏着语，词的基本形式通过黏着不同的语言成分表达不同意义，韩国语语法词缀标记中，“님”“씨”构词能力比其他敬语词词缀强。标记形式“아/어/여 드리다”构词能力相对较弱，常见的有“축하드리다，축하해드리다，말씀드리다，말씀해드리다”。

（二）非标记性敬语词的鉴别准则

有一些敬语词虽然没有敬谦语素标记，但受当时约定俗成的封建等级文化的影响，约定俗成的敬语词也屡见不鲜。敬语词源于儒文化，儒文化反映封建统治阶级的“分”思想。《礼记·曲礼下》中记载有“生有等级，死也如此”。对“死”的称呼依人的社会地位高低而不同。一般天子死曰“崩（붕）”，诸侯曰“薨（훙）”，大夫曰“卒（졸）”，士曰“不禄”，庶人曰“死”。[①]《战国策》中，触龙把赵太后的死尊为“山陵崩”，而将自己的死说成是“填沟壑”。[②] 韩国语中对死的尊称除了有与汉语对应的“崩（붕）”，诸侯曰“薨（훙）”，大夫曰“卒（졸）”之外，还有“붕어（崩御）、서거（逝去）、입적（入寂）”。随着时代的变迁，以上敬语词虽然不再使用，但人们对死避讳的观念依然存在，现代韩国语中“死”常用固有的委婉语来表现，如：“돌아가다（过去）”“세상을 떠나다（离开人世）”。

一般对年龄的尊称汉语习惯用“春秋”。例如，《战国策·楚策四》中“今楚王之春秋高矣，而君之封地，不可不早定也”。北魏杨炫之《洛阳伽蓝记·永宁寺》曰：“皇帝晏驾，春秋十九。”李广

---

① 陈澔注：《礼记》，上海古籍出版社 1987 年版，第 25 页。

② 刘向集录：《战国策》，上海古籍出版社 1978 年版，第 770 页。

田《老渡船》:“他在这种情形中已度过了五十几个春秋。”《古代汉语辞典》韩国语借用该词后和汉字词“연세(年岁)”一样都用来表达对长者年龄的尊敬。如:“나는 먼저 그녀의 아버님께 춘추(春秋)가 어떻게 되시는지 여쭈어 보았다./말로는 학생이라 하지마는 춘추(春秋)가 근 사십이나 되는 아들 손자를 거느린 사람이 있었고.《표준국어대사전》”。以上这些词虽然没有明显的标记,但这些词在人们长期使用的过程中,已被认可和接受并广泛传播,最终成为约定俗成的敬语词。这些敬语词成为后代人甚至是现代人常用的敬语词。例如,“生辰(생신)、夫人(부인)、足下(족하)、诞生(탄생)、病患(병환)、편찮다(疼)、말씀(话)、잡수시다(吃)、드시다(吃或喝)、계시다(在)”等这些敬语词大部分也被收录到词典中,还有一部分词汇,刚开始都是某家之言、一时之用,因其形象性、概括性等特点,后来频频被人用典,用得多了,它们就凝固成为敬语,如“천만하다”“별말씀”等。这些约定俗成的敬语词可能不像含有敬谦语素的敬语词那样批量生产,要准确判断其敬谦成分,还要依据具体的语言环境。

三　韩国语敬语词的民族特性

当一种语言用较多的词表达某方面的内容时,我们说这种语言在这个语义域中有较高的编码度。[①] 这里说的编码度,是指语言在一个特定语义域所拥有的词的数目。韩国语具有较高的语言编码度及语境义位的民族性。如对父亲、母亲、大婶等的称呼,“아빠,아버지,아버님”“엄마,어머니,어머님”“아줌마,아주머니,아주머님”,通常敬语词音节编码度较长。

韩国语敬语词在语用中受韩国语所固有的黏着语语言特征的

① 赵红梅:《汉语方言词汇语义比较研究》,博士学位论文,山东大学,2006年,第68页。

制约，通常要借助语法手段表达“尊敬”的目的。在话语环境中，直接参与对话的有说话者和听话者，不参与对话的通常被称作第三者。话语参与者之间的心理距离和不在场者之间的年龄、身份、地位等相互间关系的融洽程度以及当时的语境成为人们选用敬语的重要标准。目前，韩国学界普遍把韩国语敬语法分成主体敬语法、客体敬语法、相对敬语法。根据尊敬对象的不同，有的学者也主张将韩国语敬语词分为主体敬词、客体敬词、相对敬词。在敬语词分类中，主体敬语词是对句子的主体，或者主体所涉及的行为及对象尊敬时所使用的词汇。对主体表敬时通常在称谓后加上表敬词缀“님”“씨”“분”。敬语法方面，对主体尊敬时，包括两种方式。一是通过附加主格助词“께서”来表现。二是在对主体所涉及的行为和状态词后面附加先语末词尾“시，으시”来表现。两个范畴并不是单纯的呼应关系。这些要素尊敬程度的大小被视为敬语法形式的“机能的负担量”。从测试的结果来看，敬语法机能负担量的大小排列顺序依次是“시 > 님 > 께서 > 댁”①。对句子主体的尊敬依据主体的身份地位不同而不同。其中对主体尊敬的敬语词“댁”“연세”和“진지”，在不同的语境中，机能的负担量大小也不同。因此，对敬语词和语法共同作用的敬语现象应具体问题具体分析。主体敬语词中包括称谓语敬语词和名词敬语词。其中，称谓敬语词还可以细分为亲属称谓敬语词和社会称谓敬语词。

客体敬语词和客体敬语法是对话语所涉及的客体尊敬时所使用的词汇及语法形态。像这样对客体表示尊敬的敬语词通常由动词词干加语法形式“아/어/여 드리다”或者“드리다”构成。如“해드리다、축하드리다（祝贺）、기도드리다（祈祷）、말씀드리다（禀告）、문안드리다（问安）、보고드리다（报告）、부탁드리다（付

① 이정복，국어 경어법과 사회언어학，도서출판，2002：81 연.

托)、사과드리다（谢过)、상의드리다（详议)”。以上合成词的语义从认知语言学角度分析有自下而上的指向。客体尊敬法是对句子中行为作用的客体表示尊敬，所谓客体是指动作主体的行为所涉及的人物或事物，客体敬语法中最突出的就是语法形式“께”。

相对尊敬法，也称听者尊敬法。顾名思义，说话者必须根据听者的年龄、地位、职位等，灵活选择使用敬语。与主体、客体尊敬法相比，主体、客体尊敬法所尊敬的对象可以在话语交际现场，也可以不在话语交际现场，而听者尊敬法所尊敬的对象一定要在话语交际现场。另外，听者尊敬法所尊敬的对象不一定要在句子中明确出现。韩国语相对尊敬法主要是通过终结词尾来体现。现代韩国语中，终结词尾大致可以分成六个等级，和韩国语的称呼语等级似乎可以相对应起来。①

表 1-1　　韩国语敬语法的分类

	语法形态类型	具体表现形式	具体实例
主体敬语法	主格助词	尊：께서 平：가/이，는/은	할아버지께서 시장에 가십니다. 동생은 시장에 갑니다.
	先语末词尾	尊：词干+“시，으시” 平：词干+ 다	
客体敬语法	宾格助词	께	부모님께 갖다드립니다.
	补助动词	아/어/여 드리다	친구께 갖다줍니다.
相对敬语法（임호빈・장소원 - 1995：393）	终结词尾格式体和非格式体	尊：합니다（격식체），해요（비격식체） 平：하오（격식체），하게（비격식체） 卑：한다（격식체），해（비격식체）	저는 갑니다./저는 가요. 디카만 오시오./한잔 하시게. 나는 간다./ 지금 공부해

① 이정복，한국어 경어법의 기능과 사용 원리，서울소통，2012：90 연한국어의 호칭과 등분（박영순 1995：563）6 等：지위+님（교수님，선생님，과장님）.5 等：성+지위+님（김교수님，이선생님，이과장님）.4 等：（성）+지위（김）선생 .3 等：자네，여보게，군，양（자네，여보게，김군，김양）.2 等：이름+이 인선이，명환이 .1 等：이름+야，너 철수야，（너）……

表 1-2　　韩国语敬语词的分类

敬语词分类	下分类	尊卑程度	具体分类	举例
称谓词	亲属称谓	尊	汉字借用型	춘부장（椿府丈）
			汉字词根+敬语素	부친대인（父亲大人）
			敬谦语素+汉字词根	영존（令尊）
			固有词根+님	아버님
		尊平	固有词	아버지
		卑	固有词	아빠
	社会称谓	尊 6 等	职位+님	교수님，선생님，과장님
		5 等	姓+职位+님	김교수님，이선생님
		4 等	（姓）+职位	（김）선생
		3 等	固有词或者姓+（군，양）	자네，여보게，김군，김양
		2 等	姓名+이	인선이，명환이
		1 等	姓名+야	너，철수야
人称代名词	第一人称	下对称	汉字词	소인（小人） 소자（小子）
			固有词	저，저희
		平对称		나，짐，본인，우리
	第二人称	极尊	固有词或汉字词根+님	어른，어르신，선생님
		尊	固有词或汉字词	그대，여러분，댁，귀형，귀하，노형，선생，자네
		平	汉字词	당신
		卑	固有词	너，너희
	第三人称	极尊	固有词	이분，그분，저분，당신
		尊	固有词	이이，그이，저이
		平	固有词	그，저，이들，그들，저들
		卑	固有词	이자，그자，저자，예，게，재，이애，그대，저애

续表

敬语词分类	下分类	尊卑程度	具体分类	举例
名词	抽象名词	尊	汉字词或者固有词	생신，면상，말씀……
		平	汉字词或者固有词	생일，얼굴，말……
		卑	固有词	낯바대기
	实体名词	尊	汉字词（汉字借用词）	안질，고견（高見）
		平	固有词	눈，볼，생각
		卑	固有词	눈깔，볼통，볼때기
谓词	动词	尊	汉字词或固有词	서거하다，돌아가시다，말씀하다
		平	固有词	죽다，말하다
		卑	固有词	썩어지다，지껄이다
	形容词	尊	固有词	편찮으시다
		平	固有词	아프다
副词		尊	固有词	아무쪼록
		平	固有词	부디
		卑	固有词	제발
感叹词		尊	固有词	예
		平	固有词	네
		卑	固有词	응

除了表 1–2 中列举的表尊卑的敬语词外，常见的还有表 1–3 中所列举的这些：

表 1–3　韩国语敬语词具体分类

	名词	褒义	中性	贬义	名词	褒义	中性	贬义
名词	头		대가리	머리	面	면상	얼굴	낯바대기
	眼睛	안질	눈	눈깔	胳膊		팔	팔때기
	耳朵		귀	귀때기	手腕		손	손목대기
	鼻子		코	코때기	肚子		배	배때기
	面颊		볼	볼통，볼때기	胸		가슴	가슴짝
	嘴巴		입	아가리	背		등	등때기
	牙齿		이빨	치아	屁股		엉덩이	엉덩짝

续表

	名词	褒义	中性	贬义	名词	褒义	中性	贬义
名词	脖子		목	모가지，목때기	额		이마	이마빼기
	下巴		턱	턱주가리				
	尾巴		꼬리	꼬랭이				
	墓	산소	묘					
	饭	진지	밥		言	말씀	말	
	病	병환	병		男人	남자	사나이	녀석
	生日	생신	생일		年龄	연세	나이	나쌀
	死亡	서거	사망		姓名	명함	이름	
	女人	여자	계집		奶奶	할머님	할머니	할매
	爷爷	할아버님	할아버지		女儿	따님	딸	계집
	妈妈	어머님	어머니	엄마	儿子	아드님	아들	자식
动词	动词	褒义	中性	贬义	抽象名词	褒义	中性	贬义
	躺		눕다	자빠지다	死亡	서거하다，돌아가시다	죽다	썩어지다
	闭口		다물다	닥치다	生气		성나다	밸이나다
	说	말씀하다	말하다	지껄이다	穿		신다	꿰지르다
	吃	잡수시다	먹다	처먹다				

在韩国语的分类语义场中还包括更小的语义场，如还可以细分为书面语敬语词和口语体敬语词，口语体敬语词和书面语敬语词还可以下分为称谓敬语和非称谓敬语。

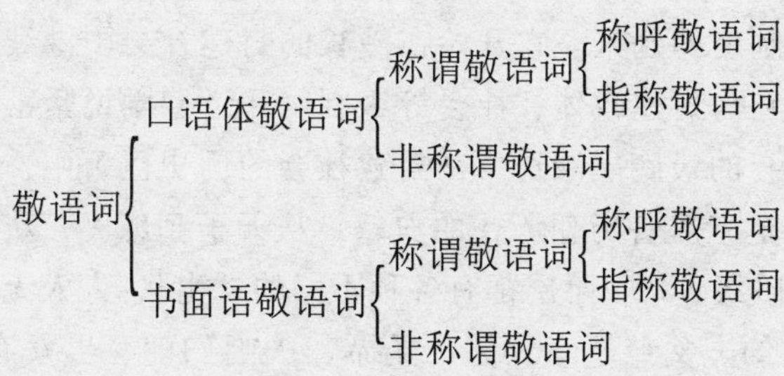

第二节　儒家礼文化概说

一　儒家礼文化内涵

文化是指文化的载体所反映出的人类精神和思想方面的内容，是人类在其社会历史发展中不断创造、总结、积累下来的物质财富与精神财富的总和。隶属于文化范畴的儒家礼文化也是一种历史现象，是历史发展的体现。正因为如此，礼文化从客观上存在着一种极其强烈的、割不断的历史传统性质。这种传统的历史改变，是一个长期的潜移默化的历史过程，在这种历史改变的过程中，礼文化所蕴含的哲学思想，价值观、人生观、世界观等思想意识形态对人类社会生活产生了巨大的影响。这些文化意识形态与社会存在保持着密切联系，是经济基础和社会政治制度的集中体现。

韩国是一个礼仪之邦，韩民族素以重“礼”而著称。“礼”在韩国社会生活中占有十分重要的地位，它不但是等级秩序的标志、人际往来的行为规范，也是一种不断强化和深化的道德观念。两千多年前，“礼”作为政治制度的历史使命存在。随着社会的发展，这种历史使命虽已经退出历史舞台，然而，“礼”并没有消失，随着封建制度的到来，它开始在漫长的封建社会中继续扮演着重要角色。它与封建政体、社会等级制度和道德学说紧密结合起来，并向社会的最底层渗透。在封建社会的历史巨著中，形形色色的礼仪规定充斥着历朝历代的典籍，从天子到庶民，从官府到百姓，每个阶级、每个阶层都有各种不同的“礼”，人人无所逃乎“礼”的制约。父慈子孝、兄仁弟恭、夫唱妇随、男女有别、长幼有序、尊卑有等、贵贱有分的道德说教，无一不是靠“礼”

来体现。

韩民族的礼文化起源于母系氏族时代，在母系时代，先民们面对的主要是人与自然的关系，其间的礼文化就是自然礼文化系统。后来，伴随着人类社会文明的进步，礼文化经历了非血缘关系的社会礼文化系统、父系关系的五服礼文化制度向社会文化礼仪、礼文化道德社会行为规范等方向上转变。“礼”的含义很广，在奴隶制社会，它既是一种政治、法律制度，又是一种仪式和行为规则，并且作为社会各阶层等级秩序的标志。尊卑贵贱，靠礼来辨明；是非曲直，依礼来判断；风俗教化，借礼以推行；治君治国，用礼来整肃。这些作用延续于整个封建时代，并与封建国家法律、政令紧密结合，互相补充。

二　儒家礼文化的理论体系

儒家礼文化的内容主要包括：第一，以中国的天道、地道、人道、时变四维一体的哲学思想理论体系，以“易”为基础的阴阳五行思想为其灵魂，这是礼文化的显著特点之一，也是区别于其他宗教文化的显著特征。第二，儒家传统礼文化与唯皇作极、以官为本、任人唯亲、神道设教、愚民而治的独裁专制封建制度息息相关。第三，与仁、义、礼、智、信行为规范的社会教化相关联，倡导温、良、恭、俭、让，忠、孝、节、悌等行为方式。第四，传统礼文化最为显著的特点之一，就是人与自然万物的和谐相处之道，更是人与人之间的和谐相处之道，这个特点不是如何教导别人，而是内省，即“克己复礼为仁”。以下将以上内容分述如下。

（一）儒家礼文化的“天人合一”思想

“天人合一”是儒家礼文化哲学的根本观念之一，与“天人之分说”相对立。所谓“天”，指天是可以与人发生感应关系的存在；天是赋予人以吉凶祸福的存在；天是人们敬畏、侍奉的对象；天是主宰人、特别是主宰王朝命运的存在（天命之天）；天是赋予人仁义礼智本性的存在；“天”也可以被视为“自然”的代表。“天人合一”的意思有两层：一是天人一致。宇宙自然是大天地，人则是一个小天地。二是天人相应，或天人相通。是说人和自然在本质上是相通的，故一切人事均应顺乎自然规律，达到人与自然和谐。老子说：“人法地，地法天，天法道，道法自然。”即表明人与自然的一致与相通。用唯物主义去解释“天人合一”的思想的话，可以将“天人合一思想”解释为物质世界是绝对运动的，思维反映存在，所以思维也应当是不断变化的，与时俱进的。在儒家来看，天是道德观念和原则的本原，人心中天赋地具有道德原则，这种天人合一乃是一种自然的，但不自觉的合一。

（二）儒家礼文化与封建专制制度

儒家礼文化为统治阶级所利用。为了使自己的统治合法化、正常化，封建统治者将礼文化制度化主要表现为封建社会的宗法专制制度和官本位制度。

1. 封建社会的宗法专制制度

宗法专制制度中，“宗”是同族、同姓之内的祖先代表，因其有功德于同姓，后代人通常尊其为“祖”或“宗”。“宗”与“家”和“族”有区别。所谓“家”，指夫妇共同生活所组成的人群最小单位。所谓“族”，即放大了的家庭。宗法制度就是指族长是族内最高首领，是族规、族约的主持者和监督者，在宗族内享有至高无上的权威。族内的其他尊长对于卑幼也有不可动摇的权威，子弟要像士卒服从将帅一样服从父兄。同时，随着家族的完善，族权成为与政权、神权、夫权一道维系封建社会秩序的力量。由于家庭政治化，国家家庭化，所以有天子“家天下”之说。其主旨是建立以家族为范围的族权统治，并与政权上的专制主义相呼应，它主要以明确亲疏尊卑的手段，将农民对地主的依附关系确定下来，又订立族规确立族长的家长制统治。家族的族权统治主要表现为族长对族产的支配权；族长对族众的处罚权；确认宗子的祭祀权，以及族长对族众婚姻的干涉权。

2. 儒家礼文化与官本位制度

官本位首先是一种体制设置和制度安排，在封建社会，王侯将相，官分九品，形成庞大而严密的官本位体系。整个社会纳入国家行政系统的体制结构，所有的人、所有的组织和部门，都分别归入行政序列，规定其等级，划分其行政权限，并最终服从统一的行政控制，所谓“普天之下，莫非王土；率土之滨，莫非王臣”。纵观历史，官本位通常是在公共权力的运行下以“官”的利益和意志为最根本的出发点和落脚点；上下等级分明，下级因敬畏上级的权力对上级唯唯诺诺、马首是瞻，上级因具有绝对的权势要求下级绝对服从上级。官本位制度使得人民以是否为官、官职大小、官阶高低为标尺，或参照官阶级别来衡量人们的社会地位和人生价值并在此基础上形成了敬官、畏官的社会心理。日常生活中，人们往往在多个意义上使用这个概念，如官本位思维、官本位文化、官本位机制、官本位现象、官本位行为等。在等级森严的封建社会里，官为百业之首，唯有走上仕途，才能出人头地。处于社会下层的人们，要摆脱贫困和低贱的社会地位，除了入仕，别无他途。人们把“升官”作为出人头地的唯一途径。读书为了做官，做官意味着光宗耀祖。于是乎，人们是否入仕为官，能否官居高位，成了衡量一个人奋斗成功与否的标志。

（三）儒家礼文化与教化伦理

儒家的“三纲”是儒家“礼教”的精华部分。它凭借别尊卑、明贵贱的不同等级而出现。依据文字的原义，“纲”是统领众目的意思。所谓“若网在纲，有条不紊”，在繁杂的事物里，抽出一个头绪来，便叫做“纲”。在封建社会里，臣下以君为之纲，子女以父为之纲，妻妾以夫为之纲。所以“三纲”的作用，便是“以君统臣，以父统子，以夫统妻”的一种办法。在这时候，君、父、夫三种人是同样的尊严，臣、子、妇是同样的卑贱，并且绝对服从，而成为没有独立、自由的人。总之，君权、父权、夫权在奴隶社会和封建社会形成了三位一体的统治力量。“五伦”，即古人所谓君臣、父子、兄弟、夫妇、朋友五种人伦关系，体现了儒家礼文化中的“忠、孝、悌、忍、善”的“五伦”关系准则。儒家礼文化“三纲五常”名教观念的核心首先就是要“正名”，做到“君君、臣臣、父父、子子”。把统治阶级的利益看成高于一切的存在，将符合统治利益的政治观念、道德规范等立为名分，定为名目，号为名节，制为功名，从而对百姓进行教化，称为“以名为教”。“三纲五常”和名教观念，为封建阶级统治和等级秩序的神圣性披上了合理化的外衣，成为封建专制主义统治的基本理论，为历代封建统治阶级所维护和提倡。它们作为封建社会的最高道德原则和观念，被写进封建家族的族谱中，起着规范、禁锢人们思想、行为的作用。

（四）儒家礼文化与“克己复礼”的原则及礼仪

礼仪规则分为两个部分：一部分是与国家政治息息相关的礼仪制度，包括政府的一系列礼仪，如祭祖、祈年、郊天、参圣等，以及人们在日常的政治活动与社会交往中所应遵守的行为规范，如君臣之礼、师生之礼、朋友之礼等，包括对不同等级、不同身份的人在公共场合的言辞、服饰、举止等细节的规定；另一部分就是家庭之礼，在家庭内部各成员之间的等级区分与行为规定。涉及祖孙之间、父子之间、母子之间、兄弟之间、姐妹之间、夫妻之间、叔嫂之间、翁婿之间、婆媳之间、主仆之间。家礼就是以儒家理学和道德原则为指导，贯彻着儒家礼文化的亲亲尊尊、父慈子孝、夫贤妇随的道德精神和伦理行为规范，渗透着儒学的人生观与处世哲学。

1. 敬祖的祖孙之礼

家庭中任何成员去世，其他人都要为之披麻戴孝。这种形式能够进一步增加家族成员间的相互爱睦。丧服规格有亲疏和尊卑之分，一般为直系祖辈和直系孙辈所服的丧服规格一般高于旁系一两级；家庭成员的丧服也视逝者宗法地位等级而有别。祠堂是家庭中举行礼仪活动的重要场所，在家庭生活中占有十分重要的地位。每天早晨起来，作为宗子的家长要命子孙洗手焚香，自己则衣冠齐整地到祠堂门内跪拜焚香。祭祖礼是活着的家庭成员对已亡故的祖先表示怀念、敬畏之情的最重要的礼仪。今天看来，尊敬健在的长辈，缅怀亡故的祖先，都是人类正常的情感。但封建社会的尊祖礼，并不是从人们对于祖先怀念的正常感情出发而制定的，而是根据封建统治者“齐家、治国、平天下”的政治需要，把祖先神秘化、宗教化，用祖宗的亡灵以达到对家庭成员精神控制的目的。它使祖先成为完美封建道德的化身，并把人们对于祖先的怀念与依恋，转化为对体现于祖先神灵中的道德本性的崇敬和恐惧，这样，已故的祖先又成为生活在人们心中的封建道德的监督者。

2. 承顺恭孝的亲子之礼

在封建社会，做父母的特别重视生儿育女，把生子作为家庭建设的头等大事。嫡妻生子，不仅能够终身保持自己在诸妇中的尊贵地位，而且还能够得到丈夫的宠爱；诸妾生子，也能使其在家庭中的地位顿时发生变化，至少免除了被卖被逐的后顾之忧。兄弟间的序列等级首先是长幼之序。兄长在兄弟中身份位居高列，具有仅次于父亲的地位。“弟”在《三纲六纪》中，被解释为：“弟者，悌也，心顺行笃也。”顺从兄长，行为忠实可靠，就是弟。甲骨文中的“女”字，是一个人跪在地上的形象，而“妇”字，写成一个女人拿着一把笤帚。这两个字生动地体现了女子当时在家庭社会中的地位。“男者，任也；子者，孳也。男子者，信任天地之道，如万物之义也。故谓之丈夫。丈者长也，夫者扶也，言长万物也。女者，如也；子者，孳也。女子者，言如男子之教，而长其义理者也。故谓妇人。妇人，伏于人也。”为了保证妻子的

“顺”，家礼又进一步要求她对丈夫“敬”，即对丈夫毕恭毕敬，常怀畏惧之感，切忌过分亲昵。如果说夫妻之礼是男性对女性的压迫，那么婆媳之礼则是女性对女性的压迫。这使本来就受夫权压迫的媳妇们，又套上了一具沉重的枷锁。古代宗法家族制度中的祖孙之礼、父子之礼、兄弟之礼、夫妻之礼、婆媳之礼、主仆之礼、闺媛之礼，都着重强调了上尊下顺的宗法等级制度，孙子要服从祖父，儿子要顺从父母，诸弟要顺从兄长，妻子要顺从丈夫，媳妇要顺从婆婆，奴才要顺从主子，女子要顺从男人。“顺”观念作为家礼中的主导思想，几千年来通过家礼规约下的礼仪行为被传承下来，如今深深地植根于人们心中，培养出一种怯懦、驯服、畏惧的社会心理。人们总习惯于以尊长的意志作为自己行为的指导，事事依赖于尊长，把尊长的言论奉为金科玉律。由仁、礼而来的抑己敬人的价值观是儒家思想的精髓。在古人看来，独自难以为“仁”，要达到“仁”，个人必须把自己纳入集体，与集体融为一体，即“求和”。同时，儒文化极为重视谦虚，这种谦虚主要体现为“卑己尊人”，即贬低自己，抬高别人。从“求和”与“卑己尊人”出发，这种意识形态对人们的行为及价值评判常常建立在压抑的基础上，其语言表现为“高值低估”“自我抑制”。这是传统儒文化在自我观上所表现的心理定式。这种心理定式是儒家礼文化思想意识形态传承、人际交往中自我压抑价值观的具体体现。

第三节　韩国语敬语词和儒家礼文化的“荣辱与共”

张公瑾先生曾在他的《文化语言学发凡》中说到，语言应被看成是一种文化现象，着眼研究语言与文化总体的相互依存和同步发展关系，会使语言的价值获得最广泛的社会意义，也会使语言学获得空前的生命力。① 也就是说语言与文化“相濡以沫”、相互依存，协同发展。研究语言，必须考虑语言的文化价值。而词汇正是语言表层文化价值的具体体现。从发展的观点看，语言和历史同步，现存语言是各个历史时期的因素积累起来的综合体系。历史上存在过的各种文化现象，都会在语言中留下投影。韩国语的敬语词作为韩国语敬语系统的一个组成部分，其发展与韩国传统的礼文化同步。

一　韩国语敬语词和礼文化的关系

韩国语敬语词是韩国“礼”文化的语言表现形式之一，敬语词为表，礼文化为里，两者融为一体协同发展。作为韩国语敬语法系统组成部分的敬语词，受韩国语黏着语语言特征的制约，其语义功能通常要通过有标记的语法形式来体现。礼文化是中国传统文化的核心内容。“礼”来源于远古氏族群体的巫术礼仪。后来，神权和王权结合，“礼”发展成为规范君臣、血统婚姻等关系的行为仪则。儒家学说建立后，“礼”被制度化、系统化，成为确立贵贱尊卑等级秩序的制度。儒家“礼”文化的本质是“分”，“分”就是分阶级、分等级、分男女、分贵贱、分长幼。这种“礼文化”的正名思想正是敬语文化的体现。中韩两国隔海相望，韩国在接受了中国儒家传统“礼”文化后，反映这种“礼”文化思想的敬语词也被借用到韩国。韩国将其与本国固有的文化和语言特征相结合，形成了反映韩国“礼”文化现象的敬语系统。这类敬语伴随着韩国“礼”文化的产生而产生，随着韩国“礼”文化内容的变化而变化，在历史发展的长河中不断出现更错交替的现象。

① 张公瑾：《文化语言学发凡》，云南大学出版社 1998 年版，第 16 页。

二 韩国敬语词与儒家礼文化的平行发展关系

(一) 韩国敬语词的萌芽和儒家礼文化的产生期

据《三国史记》记载，早在新罗初已有巫，称第二代王南解为次次雄，而“次次雄”就指巫，被认为具有“超自然力”，故受到普遍尊重、爱戴。由此，我们可以推测韩国的“礼”文化起源于巫术礼仪。韩国古代社会祭政一致，将“熊、貊”作为守护神、祖上神崇拜，和神同义语的“고마”，代表“君王”，的尊称就产生了。[①] 最初在伽倻国，4代王和9代王被称作“尼叱旀（mie）”和“钳知王”，“旀、钳”是“고마”的标记，后来又先后被记作“俭、今、金、黔、甘、咸、监、感、邯、含、剑”。借用字“熊、君、貊、黑、玄、孔”表示“君、首”的意思，是对“首长”的尊称。[②] 除此之外，韩国先民把“先祖”“祖上”“祖宗”看作“天”一般的存在，也就是说把祖先幻想成为“天”的代理，带有“至尊”的性质。这就意味着，在韩国古代历史上确实存在过王者担任祭政的状况。后来，韩国出现的关于对首长的尊称“吉士、古支、居西、渠帅、仇首、居柒、阏智、乙支”，正是礼文化等级制度的体现。运用到语言和行为交际中正是孔子在《论语》中提到的“动之以情，晓之以理”，“礼”通“理”。“礼”是外在的，“理”是内在的，内在的如“男尊女卑，长幼有序，内外有别”伦理思想通过外在的敬谦语形式和伦理行为规范来体现。

三国时期（公元前1世纪—676年），韩国对汉字的掌握和理解程度达到较高水平。汉字逐渐广泛传入到高句丽、百济、新罗。在汉字传入过程中，汉字敬称也就诞生了。承载着礼文化的中国汉字在韩国的传播中，在书面语记录上，经历了誓记体、吏札、

① 千素英：《古代国语의 语义研究》，韩国高丽大学校民族文化研究所1990年版，第121页。

② 同上书，第123页。

乡札、口诀等几个发展阶段。初期，韩国关于汉字的借用是韩国式的借用。在借用过程中，充分体现了韩国语语法形态变化的特征，如“尼师今、麻立、慈充、次次雄、角干”。《三国史记》和《三国遗事》有如下记载：“初南解薨，儒理当立，以大辅脱解素有德望，推让其位，脱解曰神器大宝，非庸人所堪，吾闻圣智人多齿，试以饼噬之，儒理齿理多，乃与左右奉立之，号尼师今《三国史记·新罗本记卷一》。”后来的《三国遗事·卷一·王历一》中也说：“尼叱今或作尼师今。”“今”“尼师今”是“齿理”的音译。[①] 三国时期官名后边有一个后缀“［kan/han］干”。例如：“麻立干金大问云麻立者方言谓橛也。”（《三国史记·卷一》）“麻立干”表示“橛王”“首露”。《三国史记·卷一》和《三国史记·卷二》中，“麻立”是“首”的表音，即“머리”表示官级，亦作“翰”。例如：李济贤曰：“新羅時其君稱‘麻立幹’其臣稱‘阿幹’鄉裏人稱‘幹’連名呼蓋相尊之辭。”“干”亦可谓之“邯”，位号曰“居瑟邯”或作“居西干”，为王者之尊称也。“干”“邯”“翰”作为尊称的标记来源于中国的汉字词汇“豻”。孔子编著的《尚书》中有“豻貊之属”的记录。从以上韩国对官级的汉字敬语称谓上，我们可以看出三国时期，儒家学说的“君君、臣臣、父父、子子”作为人伦之大伦，儒家“家国一致”说，即国家是家庭的延伸和扩大，“仁”和“礼”相结合而成的“三纲五常”作为伦理道德也被广泛接受。所以，“子孝于父”则必然会做到“臣忠于君”。不仅要求“家国一致”而且要“忠孝一致”。对国家忠孝在语言的表述形式是对国君或官员要用尊称。据《三国史记》等史籍记载，由于地理条件的优势，高句丽成为最早输入中国礼文化的国家。高句丽小兽林王二年建立了国家的最高学府太学，教授儒教经典。中国礼文化的“孝”思想使得高句丽更加崇拜祖先。后来这种

---

① 廉光虎、池水涌：《韩国语敬语形式的研究》，辽宁民族出版社2003年版，第36页。

“礼”文化传到百济，受儒教“五经”思想的影响，精通德教“五经”的“博士”尊称称谓就产生了。这种“礼”文化后来又渗透到百济人的生活习俗中。衣食住行中有男女、长幼等区分，伦理思想中有“忠、孝、烈”之分。

新罗时期第三代儒理王把官员分成17等级，从一品到九品都用结尾词“飡(cān)”。例如：一品官员“伊尺飡”或云“伊飡”，“阿飡”或云“啊尺干”或云“阿粲”(《三国史记》)，现在看来大概是大官的意思。除了“干”还有“支”，“兄”“加”也用来表示官级。高句丽时期官名“莫离支·乙支”和“마라치·웃치”一样，“치”被用作尊称，“치”原来是“上”的古训“자”(城上 성자·还上 환자)的主格形“자히”的缩略语。从汉语借用过来的接在人名后面的词缀“智，知(지)”也表示尊敬。从今天韩国语敬称中“아버지，金지，李지”等用例中可以找到“智·知”被用作尊称的痕迹。但历史变迁所传下来的“거라치·장사치·그치”等却用作卑称。此外，新罗时期被用作卑称的还有“丁”，“丁”是从汉语借用过来的，常被记作“白丁(백정)”或者“한쟁이”。新罗时期还有一些反映社会关系的“郎、君、臣、父、公主”等极少数固有词的出现。动词敬语形式有“在(계시)”，由“教”字来表示。例如：“音乎手母牛放教遣(放了执母牛缰绳的手)。”(《献花歌》)语法形态上出现了表示对主体尊敬、客体尊敬、听者尊敬的词尾。这种用汉字标记的韩国语式词尾，如“臣隐爱赐尸母史也(臣是慈爱的母亲)”(《安民歌》)。该句里的“赐”就是后来韩国语中对主体尊敬的格词尾“시”。可见，儒家的礼文化“分贫富、分尊卑、分等级、分贵贱、分男女、分长幼”的正名思想在三国时期已经形成。

韩国语的敬语词对王者的尊称最早起源于韩国的巫术礼仪，随着中国儒文化在韩国的传播，儒文化的核心“分”思想使得人们的地位、贫富、身份等分出等级，并通过称谓敬语（官职称谓敬语、社会称谓敬语、亲属称谓敬语）的使用来体现。称谓敬语中，一些反映儒家礼文化思想的汉字称谓敬语在某种程度上可以说是汉语称谓的借用，但借用并没有照搬，而是结合了韩国语所固有的黏着语进行了本土加工。

（二）韩国敬语词的繁荣和儒家礼文化的兴盛期

新罗统一三国以后（676—935 年），特别是盛唐文化逐渐进入新罗之后，新罗与中国的文化交流日益广泛、深入。一些唐朝的官名称谓“郎中、伺中”等敬称传入新罗。除此之外，三国时期的关于“王”的尊称词汇继续被使用，语法形态标记方面表示对主体、客体、听者尊敬的韩国式汉字标记形态已经泛化。由于采取了积极吸收唐文化的政策，新罗在政治、经济、学术、艺术等方面十分繁荣，设立了最高教育机关——国学。儒学在三国统一以后作为统治手段发挥了很重要的作用。儒学的名分思想和节用思想对服色、车骑、器用等有很大的影响。比如，人们的军旅、冠礼、婚嫁、物品、日常行为等，都分出尊卑等级。语言表现为：天子死曰“붕어（崩御）”，诸侯曰“홍서（薨逝）”，王公、贵人、大夫曰“훈교（殉教）”。帝王、官宦们的自谦称谓根据官衔的大小称：짐（朕）、고（孤）、과인（寡人）、하신（下臣）、미신（微臣）、우신（愚臣）、하관（下官）、소인（小人）、부재（不才）等。

新罗灭亡之后，高丽建国（918—1392 年）。这时，出现的敬称有“先生、居士、长老、翁、拔都、国师、王师”等。[①] 其中，“长老、国师、王师”是佛教尊称用语。据史料记载，高丽把佛教作为国教，用以支配高丽人的思想和信仰。因此，大量的佛教用语被输入进来，这些佛教词语都是汉字词。语法形态上还出现了表尊敬的命令词尾，用汉字标记的语法形态为“受势”和“少时”，

① 姜宪圭：《韓國語語源研究史》，韩国集文堂 1988 年版，第 72—83 页。

如,“约明日至曰辖乌受势(- 오쇼셔)”和“相别曰罗戏少时(여희쇼셔)”。高丽实行了科举制度,用汉文考试,这样使汉文得以迅速传播和发展。同时他们注重吸收儒学思想,以儒教为政治理念实施了仁政,推崇王道政治,制定了宗庙、社稷、赤箭等国家制度,设立了最高教育机关——国子监和科举制度。隶宗和仁宗印刷了大量的《孝经》和《伦语》,使其普及到民间。儒教不仅用于政治理念,还用于伦理教育之中。高丽时期,有关学者认为:“圣人之道,不过日用伦理,为子当孝,为臣当忠;礼以齐家,信以交朋;修以必敬,立事必诚而已。”[①] 可见,当时的韩国儒教学派对仁爱、诚敬、忠恕、孝悌、信义等价值是相当尊重的。高丽中晚期是儒佛比较调和的时期,佛教敬称被大量借入到朝鲜语中。

朝鲜时期(1392—1910年),大约在15世纪,体词敬谦词汇有“님금(大王)、아바님(父亲大人)、어머님(母亲大人)、어버이(父亲大人)、부모님(父母)、하나님(上帝)、부텨님(菩提)、그듸(您)”。谓词形式有“죄시다(吃的敬语)、이받다(献的敬语)”。语法形态方面出现了对客体尊敬的格词尾“그어긔”,呼格词尾“하”“님금하(大王啊)”。同时,根据年龄、地位、亲属关系来选择的语法形态“阶称”概念略显雏形。在训民正音创制之前,古代韩国全盘使用汉字;在训民正音之后,形成了以汉字为基础,保存有大量汉字音和汉字词的体系文字。以上汉字敬词也体现了这一特征。朝鲜时期事“大”思想尤为严重,儒学者们崇尚汉文化,竭力使用汉字。家庭的伦理道德思想“长幼有序”在“아바님(父亲大人)、어머님(母亲大人)、어버이、부모님(父母)、형님(大哥)”中得到充分体现。“님금(大王)”也体现了“为子当孝,为臣当忠”的伦理道德。朝鲜时期,韩国施行“抑佛崇儒政策”,继续发扬立足于义理精神的儒教传统。儒教在韩国

① 郭齐勇:《中国儒学之精神》,复旦大学出版社2009年版,第104页。

真正得到重视、传播、普及和大发展。这一时期，文庙奉祀定例化和制度化，朝鲜朝性理学在朝鲜得到广泛的传播和深入的研究。16世纪出现的相关敬语词有“御膳、内官、进赐、上典、大监、孺人、主事、生员、书房、令监（영감）、初任（나으리）、公主（공주）、玉体（옥체）”。表示对听话人尊敬的“阶称”已经基本形成，分为“基本阶、对等阶、尊敬阶”。

由于国家制定的儒学典章制度和受儒家文化熏陶的个人修养、家庭礼仪、礼学的影响，在韩国历史上，17世纪被称为“礼学的世纪”，该文化影响下的敬语词表达也枝繁叶茂。如“贵人（마님）、大殿（대전）、中殿（중전）、陛下（폐하）、阁下（각하）、殿下（전하）、남편、서방님、령감（丈夫）、녀편네、안해、마누라（夫人）”等。谦的目的是表敬，此时出现的谦辞有“소생（小生）、소자（小子）、우제（愚弟）、우처（愚妻）、가돈（家豚）、졸고（拙稿）、폐사（弊社）、졸견（拙见）、누옥（陋屋）”等。语法形态方面，对听话人尊敬的“阶称”发展成为“基本阶、对等阶、微敬阶、最尊敬阶”。18世纪，以上敬词有的已经被泛化，语法形态方面大量的词尾走向了合成化，数量比以前增多，阶称系统基本形成。19世纪发展成现代语的阶称范畴。

（三）韩国敬语词的发展和儒家礼文化的缓冲期

19世纪末开始出现的国文运动，极大地推动了韩国语的发展。词汇方面随着政治、经济、文化等诸方面的开化运动，很多褒义词变成贬义词或者中性词。如“令监”（原指朝鲜时期堂上官，后来泛指男性老人）、“生员”（原指科举中通过了小科终场的文人，后来泛指一般文人）、“玉体”（原指国王及王后的身体，后来泛指一般长辈身体）。敬语名词方面，20世纪初，出现了“말”和“진지”是“话”和“饭”的敬语名词外，还有“病患、吩咐、生辰、诞辰、还次、齿牙”。在非亲属称呼语中也出现了尊敬词的后缀“-氏、-娘、-君”和前缀“令-、贵-”。还有20世纪初出现到20

世纪三四十年代才开始广泛使用的敬语称谓“여사（女士）、미스터 mister（先生）、미쓰 miss（小姐）”。敬语代词第一人称有“저，저희”，第二人称有“그대，당신”，第三人称有“그이”。谦让词有“小人、小妾、贱品”，敬语动词尊待主体的有“계시다（在）、돌아가다（死）、잡숫다（吃）、주무시다（睡觉）、진노하다（发怒）、운명하다（殒命）”。尊待主体的对下动词中有“뒈지다（死）、씨부렁대다（乱说）、처먹다（乱吃）”等。尊待客体的谦让动词中有“모시다（陪）、뵙다（拜见）、알외다（禀告）、여쭙다（告诉）、올리다（给）、하직하다（告别）”。这些词大部分早在中世纪就开始使用了。表示尊卑关系的词缀“-마마”是表示“某某娘娘”的褒义后缀，“-님”“- 댁”用在称呼语后面表示“某某老爷”，“某某之宅的妇人”“-네”接在称呼语后面，是表示复数关系的褒义后缀，还出现了表尊敬的感叹词“여봅시오”。

19 世纪初的新文化运动加速了中国“礼文化”走下坡路的进程，从此，敬语词开始“退潮”。与中国毗邻的朝鲜朝（1897—1910 年）统治中，受到了中华民国初期反对儒教运动的影响。在康有为的变法自强论和孔教运动的影响下，韩国也开展了孔教运动。20 世纪初，韩国普及西洋式近代教育制度和不认可传统教育制度，在这种形势下加速了儒教体制的崩溃。在西洋文明的强烈冲击下，韩国也曾出现过一股激烈批判和否定儒教的所谓“儒教亡国论”的思潮，认为只有抛弃儒教，韩国才能走向近代化。与此同时，儒家的一些“礼”文化也遭到一些人的排斥。但是儒教并没有从此走下坡路。朝鲜时期，有相当一批儒教学者认为，韩国亡国的原因不在儒教，而在于没有真正地去实践儒教的真理。所以，他们主张要认真研究和把握儒教的本质，真正地去实践儒教，以匡救亡国之恨，并因此提出了“儒教勃兴论”。韩国礼文化在一些外文化的影响下，发展受到影响。但是，由于国内一些拥护儒家礼文化的势力尚存，在他们的推动下，礼文化仍沿着一定的轨迹继续前行。

现今虽然礼文化下的等级划分已不复存在，但是，儒家礼文化传承下来的道德、礼仪、惯习已经融入人们的生活中。随着时代的发展，某个历史背景下所产生的敬语词由于历史和礼文化的变迁已不再使用，阶称的标准也有所变化。但是，由于韩国社会对儒家文化的推崇，成均馆大学的儒学教育制度逐渐完善，加之韩国儒教学会、孔子学会、礼学会，及众多的东洋文化、东洋哲学、东洋思想研究会、所、院等的成立，使得韩国的儒家文化继承与发展更趋于组织化、体系化、现代化、大众化。反映儒家礼文化的敬语词和敬谦行为也更趋于标准化和规范化。

第二章

韩国语汉源汉字敬语词与儒家礼文化的具象思维关系

——以韩国语汉字敬语词与儒家礼文化的空间思维“大、小”为中心

第一节　中国汉文化的韩国传播

一　中国汉字文化的韩国传播

中国的近邻朝鲜，古称高丽，原无文字。公元1世纪前后，中国的汉字传到朝鲜半岛，四、五世纪时被朝鲜借用，并用来标记诗歌和诗词，叫作“乡札”。新罗统一后，在与中国进行语言文化交流的过程中，广泛吸收唐朝文化，从此，汉字词在朝鲜语汇中占重要地位。681—691年，朝鲜著名学者薛聪仿汉字结构创制“吏读文”（又称吏道、吏吐，意为下级官吏按朝鲜语阅读的文字），后又改为在用汉字标记或标注时夹用朝鲜文虚词，称作“口诀”。汉字本是记录汉藏语系汉语的文字，而朝鲜语接近阿尔泰语系，汉语和朝鲜语属于不同的语系，用汉字来标记朝鲜语颇不便利，因此朝鲜时期以李朝世宗大王（1419—1450年在位）为首的许多学者根据中国古韵五音分类，用汉字笔画创制表音字母，于1443年创造了“训民正音”。又因在宫中设立“谚文厅”教授新

字，故称“谚文”（意为通俗的文字）。1527年，崔世珍编著的《训蒙字汇》进一步改进了谚文。19世纪后期，汉字和谚文并行混用。第二次世界大战以后，朝鲜、韩国先后废止汉字，使用音位文字谚文。1948年大韩民国建国始初，颁布了《谚文专用法》。1968年和1971年朝鲜与韩国又相继开展了汉字教育。20世纪90年代，为了方便人们的交流，在群众的呼声中，韩国又再度启用部分汉字。为了使现代文化与古典文化衔接，韩国的诸多古典文献均以汉字、汉文记录，如三大史学巨著《三国史记》《高丽史》《李朝实录》全文用汉文撰写。1999年，韩国又成立了汉字教育促进联合会，汉文教育被强化。

汉字在朝鲜的传播演化大体经历了“移植”“借用、模仿改造”和“加工创造”三个阶段。首先是原样移植，就是原封不动地照搬汉语；其次通过借词（音意兼借）、音读（借音不借意）、训读（借意不借音）等方法，将汉字归化为本民族汉字。在借用汉字的过程中，朝鲜仿汉字造“吏读文”，与汉字并用；最后，在改造的过程中，创造了符合韩民族特征的汉字型音节字母，开辟了表音道路，如朝鲜的“谚文”与汉字并用。到了近代，受西欧文化的影响，韩国汉字文化圈虽然受到挑战，语文发生种种变化，但朝鲜半岛汉字文化长期形成的影响力，使得中国的汉字词在朝鲜语汇中仍占相当大的比例。究其来源主要有：从中国古典词汇中借用的汉语系汉字词；从佛经中借用的佛教界汉字词；从中国白话系借用的汉字语；从近世西欧文明中借用的日本语系汉字词；此外，还有韩国本民族所创造的固有汉字词。

韩国语吸收中文词汇历史悠久，范围广泛，远在汉、魏、晋、南北朝时期，汉语中的许多基本词汇就已经进入古代韩国语文中。早在韩国的三国时期和新罗统一时期，韩国就派遣使者到中国留学与学习，与中国建立了互通友好的关系。中韩两国频繁的接触与交流使得韩国语有更多的机会吸收中文的词汇，主要包括名词、动词、形容词、代词、数词和量词等大部分基本词汇。印度佛教传入中国后，很多印度梵文与佛教有关的词汇也直接吸收进来。唐宋以后，一直到清朝末年的一千多年来，大部分中文基本词汇和许多复词，不经过任何限制，直接进入韩文，影响到韩国语文的发展。

二 中国儒家礼文化的韩国传播

文字的传播与发展有着鲜明的文化烙印，汉字在韩国的传播很大程度上是与儒家礼文化的传播相关联的。虽然儒学传入韩国的确切时间不太明确，但大多数专家和学者都认为，儒学与汉字、汉文是同时传入韩国的。在韩国三国时期，儒学已成为学校教育和家庭教育的核心内容。公元372年高丽小兽林王二年设置了太学，此乃文献正式记载的开始。作为儒学教育的国立机关，太学提倡和宣扬的教学理念无外乎中国汉代的太学和五经博士制度。

新罗时期，儒家礼文化的经典如“《论语》《孟子》《大学》《中庸》”等四书和“《诗经》《尚书》《礼记》《周易》及《春秋》”等五经已经成为韩国社会的普遍学习内容。到高丽时期，儒学在韩国继续发展，广设学校和私塾教授儒家经典。科举制度的推行也促进了高丽时期儒学的发展。另外，理学传入高丽，对高丽的学术及教育事业的发展也产生了较大的影响。朝鲜时期，韩国的儒学发展达到了高峰，儒家礼文化进入繁荣时期。

大韩民国成立以后，儒学势力不断扩大发展，在大韩民国真正得到重视、传播、普及和大发展。到韩国观光旅游的人们都知道韩国首尔有四个大门，其名称与儒学倡导的思想有千丝万缕的联系。如东大门被称作“兴仁门”，西大门被称作“敦义门”，南大门被称作“崇礼门”，北大门被称作“弘智门”。这些名称中的“仁、义、礼、智”正是儒家礼文化所宣扬的四德，可见儒学在当时的影响力。现代社会韩国钱币 1000 韩元、5000 韩元、10000 韩元、50000 韩元上分别印有朝鲜时期的儒学者退溪李滉、栗谷李珥、世宗大王、申师任堂头像，朝鲜朝时期儒学在人们心中的地位由此可见一斑。

朝鲜礼学和礼仪文化的发展主要通过国家典章制度、个人修养及家庭礼仪来表现。在韩国历史上，17 世纪被称为“礼学的世纪”。17 世纪礼学的发展弥补了朝鲜朝性理学的理论偏向，强调了礼仪适用的严格性。这对后代韩国人的礼仪观念和礼仪实践都产生了深远的影响。韩国传统文化的核心因素像汉字、佛教、儒学等从中国传入韩国的，对韩国人来说，起初是一种外来文化，经过韩国人的吸收、消化、加工等过程，被韩国人认同后，与韩国固有的文化紧密结合而融为一体，现已成为习焉不察的韩国固有文化。现如今，韩国还较完整地保存着 231 所乡校和 34 所书院。虽然在现代教育体制确立的影响下，儒家礼文化大部分已失去了曾经的重要地位和特殊功能，但随着人们对传统文化的尊崇意识日渐增长和标榜信奉正宗儒教的几十万“儒林”的存在，传统文化儒学又重新开始受到更多关注，被视为现代韩国存在的“活传统”。为了传统伦理道德精神的普及，韩国人利用暑假和寒假，在他们所管辖的乡校或书院，广泛开展了“汉文讲座”、“忠、孝、礼节教室”等教育活动。这些活动在教育方面具有启蒙作用。对于当代的韩国人来说，传统文化和现代文化虽然存在着一种“语言障碍”，但当代的韩国人一般都可以书写汉字并用汉语彼此进行简单交流。可以说，儒教文化的传播使汉字成为中韩两国的纽带。

虽然中国是传统儒文化的发源地、创始国，但儒文化对韩国的影响似乎更强，韩国可被视为“儒教的优等生”。中国儒教的原发先进性、自主创造性及稳定保守性，在被韩国借用并加以改造后，其显著特征表现为继发后进性、移植模仿性及随机应变性。儒家文化本质上是一种伦理与价值体系，是影响韩国现代化的一个重要文化因素。据说，韩国总统朴正熙执政时期（20世纪六七十年代），就是运用“忠”的思想来推动韩国经济发展。现如今，儒文化价值在东亚各国有不同程度的变化，在国家制度、价值观念上虽减少很多，但在韩国国民精神中，儒家价值观念还保持着其核心地位。所以，在当今现代化、西洋化的风潮中，韩国仍然是一个家长制、注重血缘关系最强的社会。韩国所具备的淳朴性格、思维方式、行为规范皆以此为准绳。

深受中国文化影响的韩国，在导入西方的技术体系及市场经济制度后，对传统儒家文化进行了改造和整合，使其成为推动韩国经济持续增长的重要精神动力、韩国现代经济的精神支柱和心理驱力。但影响韩国现代化的儒教已与传统儒教大相径庭，造就了以庶民的家族生活为基础的集团主义企业经营伦理。其并非是中国传统儒文化思想意识形态的复活，而是融合了佛教和基督教进而又吸取了现代文化中的合理主义后，逐渐所形成的一种复合儒家文化体系。

韩国曾一度将儒教作为韩国国教。儒教对韩国的文化、思维方式、生活方式等都有决定性的影响。这种影响随着现代化进程的发展，越来越在新的层次上深刻地表现出来。

第二节 韩国语汉字敬语词与儒家礼文化的具象思维

西方科学家在研究事物时，常常透过事物的表象，深入里层，注重缜密的分析、推理、论证，他们往往抛开表象而抓住事物的核心本质，形成一种抽象思维的习惯。而东方人则讲求“观物取象”，对天地万物的物象进行多角度多层次的反复观察与感受，概括并提炼为意象。因此，东方人在研究事物时，常常从直观感受和体验出发，运用形象和联想，根据事物的相似或相近进行一种类比的推理，在形象的不断转换中完成一个由未知到已知的过程。

韩国使用汉字历史悠久，借助于象形性、表意性极强的汉字作为表达方式，故而久之也具有了鲜明具象思维特点。汉字是“空间型”的，是“场”型的表意体系的文字，这些真切地反映了汉式直觉具象思维的汉字被韩国借用之后，具象思维模式在韩国也开始生根发芽。这种对自然空间的体验感知，在礼文化的影响下，后来被隐喻到社会空间。例如，人们习惯将空间、时间上的自然对立如“上/下、大/小、多/少、先/后”来隐喻社会空间场上的地位、财富、年龄的对立。

一　古代建筑·具象思维

（一）中韩异形同义词：자당（慈堂）/대방（大房）：母亲的尊称

东汉许慎《说文解字》中说：“堂，殿也。从土尚声。”可见，“堂”是个形声字。“堂之所以称殿者，正谓前有陛，四缘皆高起，沂鄂显然，故名之殿。”“殿”本来表示击打之声，后来假借为宫殿。原因是殿的四周有“沂鄂”，堂的四周也有高起的“沂鄂”，所以古时候，高大敞亮的房间叫做“堂”。古代百姓家庭建筑中，有“前堂内室”的说法。比如中国古代建筑中，盖四大间房，但是分成五小间，正中一间就叫堂屋，两边各为内室，内室两边各有两小间做储藏室或作他用。四合院内正北的是上房，两边是耳房、厢房。上房由全家最高的长辈居住，正中是全家的客厅。“上”在人们的认知观念中通“大”，因此，韩国语中将“上房”也称作“대방（大房）”。上房由于是在四合院的北面，“北”在甲骨文中是会意字，像两人背靠背，是“背”的初文。古人认为，山的南面是阳，日照充足，妊养万物，草木茂盛，所以为“阳”，是正

面。而山的另一面背向阳光，即“背”，因而从“北（背）”面之“北”引申出南北的“北面”。北面日照时间短，草木稀疏，显得阴冷荒凉，所以为“阴”。[①] 男为阳，女为阴，阳通“刚”为男人象征，阴通“柔”为女性象征。女性和北方有关联，因此，以位于院内正中的“堂”作为参照点的“上房、大房”被称作“北堂”，用来指代家中的女性权威即母亲。“堂”除了在家庭建筑中处于中间位置以外，还是家庭重要活动如举行典礼、会见宾客、决议家事的场所。而且地面和屋顶相对比其他房间要高一些，后来人们把这种体验感知映射到称谓中。用堂屋在建筑中的“中、高”位置来映射父母在家庭中的中心地位。因此，古代的子辈为尊重父母，在外人面前不直说父母而叫“고당（高堂）”。以“堂”为具体的实体，从人们对堂的直接感受和体验出发，将这种感受、体验和汉民族所具有的“长幼有序”思想理念和“天人合一”的人生理想相结合，创造了用来尊称自己母亲的“堂上”“北堂”“萱堂”和用来尊称别人母亲的“令堂”“尊堂”等敬语词，韩国后将这些词汇借用到自己的语言中结合自己的语言特色记作“당로（堂老）、모당（母堂）、북당（北堂）、훤당（萱堂）、영당（令堂）、존당（尊堂）”。在封建等级社会，社会所赋予女性的“三从四德”使得女性处于从属地位，“服从”被视为女性“慈善”角色的主要内容。在此基础上韩民族又造出了汉源汉字亲属称谓词“자당（慈堂）”表示对母亲的尊敬。从构词结构上看，也和中国传统古代建筑风格有关。随着社会的发展，这种带有“堂”的建筑正在向现代化的高楼大厦看齐，韩国语中以“堂”为核心的尊称词汇被同义重复的韩国固有词“어머님（母亲的尊称）”、“부모님（父母的尊称）”形式所取代。

（二）中韩同形异义词：서방님（书房主）：对丈夫的敬称

书房原指用于读书学习的地方，受婚俗文化的影响，其语义

① 郑卓睿：《汉语与汉文化》，汕头大学出版社 2004 年版，第 38 页。

发生改变。原始时期韩国没有婚姻制度，后来随着一夫一妻制的产生，男女结婚时需要举行仪式，仪式很简单，结婚的男女只要向他人宣布二人成亲结为夫妇即可。到了新罗时期，婚礼形式稍有变化，不仅口头上要宣布，还必须请家人和族人来摆上宴席聚餐。礼仪与先前相比变得较隆重。后来有的韩国学者把这种婚礼形式概括为“祝宴”和“共食”。这种婚礼形式保持的时间很长，一直延续到整个高丽王朝时代。高丽时代男子“嫁”到女方家里，在妻家生活到自己的子女长大，这样朝鲜半岛的“婿留妇家”的传统婚俗韩语又叫“男归女第”或者“入赘婚”。刚结婚的女婿在妻子家的书房里学习，后来用女婿居住的“书房”来称呼“女婿”。① 妻子对丈夫的称呼“서방”也是这种婚俗的真实写照。高丽时代以前儒学与韩国的婚礼之间并没有什么联系，这种简单的婚礼习俗体现了男女平等的观念，与落后的生产力发展水平相适应，与高丽王朝将佛教（佛教主张万物平等）定为国教的制度密不可分。

韩国朝鲜王朝时期（1392 年），儒教被视为国教，作为新的理念倍加推崇，在韩国得到空前普及，浸染了其生活的方方面面，也极大地影响和改变了韩国的传统婚俗，“서방”原来用于妻子称呼丈夫，其语义特征表现为［+已婚、+男子、+丈夫］。朝鲜时期，儒家思想强调“男尊女卑”，这一思想逐渐影响到国家的各个层面，在统治阶级的强力推行下，传统的“入赘”渐渐演变成了后来的“半迎亲”和“三日于归”（或叫“三日对盘”）。“半迎亲”又称“男归女家”，先是新郎在新娘家举行婚礼，并留宿新娘家。第二天接新娘到新郎的家，拜见公婆。“三日于归”是指新郎在新娘家留宿三天之后，再把新娘迎到新郎家中。结婚后，女子要对

① 최재석，한국 초기 사회학과 가족의 연구，한국일지사，2002：214 연.“婿留妇家”的例子前朝旧俗，婚姻之礼，男妇女家，故以外亲为恩重《太宗实录》권 29 太宗 15 년春正月.

丈夫无条件地服从，恪守“三从四德”的儒家道德规范。婚姻习俗变迁的过程中“三日于归”因还保留着“入赘”婚姻习俗的痕迹即新郎要留宿新娘家，所以“서방”指称丈夫的原义被保存下来。但是，与“入赘”婚姻习俗不同的是，“三日于归”的婚姻习俗规约丈夫留宿新娘家三日后，最终要把新娘带到新郎家。在儒家“礼”文化思想即“男尊女卑”的制约下，新娘不仅对自己的丈夫，对新郎家已婚的所有男子包括已婚的丈夫的弟弟“시동생”、大姑子和小姑子的丈夫“시누이 남편”，都要用“서방”的表敬形式，即其后加上表敬词缀“님”，表示对丈夫和丈夫家已婚男子的尊敬。后来还可以称呼“매부（妹夫）”，“조카사위（侄女婿）”。到了17世纪后半期，同母系和妻系等非父系亲属有别的中国化体系——氏族制度被确立之后，“서방님”也由其所反映的婚俗文化的变迁而不再使用，被当今男女平等制度下的“여보”称谓所取代。妻子对丈夫用的尊称形式“당신（当身）”，也在当今现代家庭中很少使用。

二 丈量单位·具象思维

（一）中韩同形异义词：삼촌（三寸）：对未婚叔父的谦称[①]

寸指事。小篆字形，长度单位，1/10尺为一寸，古代计量长度单位的标准不同，寸的具体长度不一。《说文解字·寸部》曰：“寸，十分也，人手脚一寸动脉谓之寸口。从又，从一。”长度单位“寸”就是古人根据这一距离来确定的。也有人认为“寸”的长度正好是自身中指中关节的长度。又如：寸田（三丹田）；寸关尺（中医指寸口、关上、尺中的简称）。由于医生看病诊脉时，必须把握在手腕一寸的地方这个标准，所以“寸”引申出“法度”“准则”的意思。“寸”在长度单位中是较小的长度单位，因此又引申

① 韩在均：《汉韩亲属称谓中敬、谦称的对比》，《汉语学习》2000年第1期。

出“极短”或“极小”的意思。如“一寸光阴一寸金，寸金难买寸光阴”。“寸步难行”的“寸”，就是比喻“极短”的意思。韩国语将寸数法计算与亲属关系辈分联系起来，用于丈量亲属关系的亲疏远近。可见韩国对亲疏关系程度的重视。比如二寸表示同胞关系，即同胞兄弟姐妹。三寸表示叔侄关系，即亲叔父与亲侄子的关系。父亲的兄弟姐妹或母亲的兄弟姐妹与自己的关系都是三寸关系。四寸表示堂兄弟或表兄弟关系。五寸表示堂叔侄关系或表叔侄关系。六寸表示堂兄弟或表兄弟的子女间的关系。七寸、八寸如上类推。韩民族认为八寸为一家，即八寸以内属近亲，八寸以外就该算远亲了。①“三寸”是常用亲属词。叔父可称“삼촌（三寸）”，舅父可称“외삼촌（外三寸）”或用同义重复的韩国语固有词“아저씨”。

三　动植物·具象思维

（一）中韩同形同义词：家豚（가돈）/豚儿（돈아）：对儿子的谦称

豚，从彖省，象形。从又持肉，以给祠祀。凡豚之属皆从豚。豚，篆文从肉豕。《说文》曰：“小豕也。”《小尔雅》曰：“猪子曰豚。”《孔疏》曰：“豚，兽之微贱者。”又如：豚子（谦称自己的儿子）；豚犬（猪与狗）；豚鱼（豚和鱼，泛指无知的动物）；豚犊（愚蠢如猪的小孩）。人们将“豚”这种动物所具有的愚笨的特性来比喻人，汉语类似的还有用“犬”。“豚”和“犬”作为畜生都有愚笨的一面。因此，古代人们就用“豚犬”“犬子”“豚子”“豚儿”“小犬”来谦称自己儿子。“犬妇”谦称自己的儿媳。这无疑是将自己比为任人自由宰割的“狗”和“豚”，对方是人，而自己如同对方的“畜生”。这种敬人和谦己的文化只有在中国式的敬谦文化

① 安英姬：《汉朝语亲属称谓词对比》，《延边大学学报》1985年第2期。

中才能诠释得出。韩国汉字词的借用，无疑也吸收了中国这种传统的敬谦文化。

（二）中韩同形同义词：형처（荆妻）① 형부（荆妇）：对人谦称自己的妻子

荆，形声。字从艸，从刑，刑亦声。“刑”指“刑罚”。“艸”指草本植物。“艸”与“刑”联合起来表示“一种其枝条常用来鞭打犯人的草本植物”。本义是一种刑鞭专用灌木。“荆，楚木也。”（《说文》）后来词性发生变化变成形容词“我的，属于我的”，旧时对别人称自己妻子的谦词。如：寒荆；老荆；荆人；荆妻；荆室（犹荆妇）。古代人经常将植物和女性联系在一起，最明显的就是古今女性起名多取自某种植物。如“荆”作为草本植物，丛生于山野之间，很不起眼，有微贱的意思，正好可以和传统家庭礼文化制度下的女性低微的地位结合起来。正是由于古代女性地位卑微，使得她们在封建社会受尽丈夫及男人的“凌辱”。“荆”的用于鞭笞的用途更凸显了妻子从夫的德行。

（三）中韩同形同义词：춘훤（椿萱/春萱）：对父母的尊称

椿萱亦作“萱椿”，椿萱是两种植物，“椿”就是香椿。《庄子·逍遥游》记载：“大椿长寿。”由此用“椿龄”作祝寿辞，以“椿”为父亲的代称，也称父亲为“椿庭”。“萱”就是萱草。古人把萱草当作忘忧草看待。《诗经》疏称：“北堂幽暗，可以种萱。”相传古人远行时为免母亲惦念，行前要在北堂阶下种一些萱草。“萱草”在中国的文化意象里，代表母亲和孝亲，古时候，母亲居屋门前往往种有萱草，人们雅称母亲所居为萱堂，于是萱堂也代称母亲。韩国语的敬语词“훤당（萱堂）、춘부장（椿府丈）”也由此而来。

---

① 국립국어원：표준국어대사전，두산동아，1999，（http：//naver.com）. 저쪽은 전에 말했던 그 친구이고，이쪽은 내 형처일세국립（那边是我刚刚说起的朋友，这边是我的荆妻）.

四　动作·具象思维

中韩异形同义词：영보（令抱）：用来尊称别人的孙子。

汉语中与此对应的是“令孙”。“令抱”顾名思义是对抱在怀里的孩子的尊敬。“抱”形声。动词从手，抱声。本义是用手臂围住。在封建社会，宗法制度制约下的“重男轻女”“延续香火”等儒家文化思想意识形态，使得血亲种系男性的传延被当做家庭中至关重要的头等大事。由于土地和财产私有化，直系血亲男性的传延关系着家庭和宗族的存亡，一个以血缘关系为纽带的家庭，不断地添丁进口，才能使种族枝繁叶茂，经久不衰；相反，如果繁衍不旺，后继乏人，就有可能衰败、消亡。因此娶妻生子，接续香火就成了封建社会的一个牢固不破的观念，人人都盼望早生贵子，多得贵子。特别是封建家庭的长辈常常念叨着“抱孙子”，一旦生的是“男孩儿”总有爱不释手的感觉，经常会抱在怀里。这种现象凸显了封建家庭重男轻女的倾向。人们将这种动作所传达的信息用于敬语词中，也是具象思维的一种体现。

在汉语发展初期，汉民族抽象思维不甚发达，而具象思维能力超强，由此形成了汉民族文化和语言中充满感受和体验的具象特征。中国文化在韩国的传播使得韩国语中的一些汉源汉字词也体现了这一特征。反过来，语言中某些具象成分的产生和发展又使韩民族具象思维特征得到进一步固化和保存，在民族思维和语言的演化中，都发生了十分重要的影响。韩国语汉源汉字亲属称谓敬谦词不过是韩国语系统中一个小小的信息块，但它折射出的内容却极其丰富，值得我们深入探究。

第三节 韩国语敬语词与儒家礼文化空间“大、小”文化思维

大和小，本是一对与容积和体积相关的量空间概念。这种空间概念源于人们漫长生活实践中的体验认知。根据自己的空间体验和生活需要，人们将生存空间的基本结构划分为若干类别，根据占据空间的多少、大小、高低将其事物从其相联系的背景中独立出来自成一类认知对象，并且概括其特性，建构起概念，韩国语的“크다（大）、작다（小）”由此产生。韩民族对这种量空间概念的认识与汉民族雷同，普遍将“大”视为肯定，“小”视为否定，即褒“大”为好和美，贬“小”为丑和恶。例如，人们都认为大眼睛、高鼻梁、高个子为美，小眼睛、塌鼻梁、矮个子为丑。“大、小”的语义引申经历了以自身为参照，从具体的自然空间纵向维度上的“高低、上下”，横向维度上的“前后、左右”到抽象社会空间纵向维度上的地位高低与横向维度上的长幼等运动过程。

自然空间中的体积“大、小”同时又是一对矛盾概念。该概念的产生是人们的主观意识对客观事物的反映，是客观事物在量维度上的评判。该量维度从纵向空间维度评判通“高”，如“大个子，小个子”；从体积量维度上评判，如“大桶、小桶”；从数量量维度评判，如“大价钱、小价钱”；从强度上的评判，如“大势力、小势力”；从时间量维度上的评判，如“大岁数、小岁数”。人们在实践过程中将这种自然空间体验感知和儒文化的核心“分”思想即“分阶级、分等级、分男女、分贵贱、分长幼”相结合。用自然空间维度中的体积大、小隐喻社会空间文化的地位高、低；用数量上的大、小隐喻身份的贵、贱；用强度上的大、小隐喻势

力的强、弱；用长度上的大、小来隐喻年龄的长、幼。这种空间文化隐喻认知在儒文化贬己尊人的语用原则制约下，将“大”指向对方，将“小”指向自己。

一　称谓敬语敬谦语素的“大、小”空间文化思维

（一）汉字敬语素“대（大）、소（小）”的“大、小”空间文化思维

韩国语中，官职称谓空间感知通常以自己的地位作为参照，比自己官职高的通常可以用“大+NP”组成的复合式结构来称谓对方。如“대사（大师）、대제（大帝）、대원위（大院位）、대인（大人）、대종사（大宗师）、대감（大监）、대군（大君）、대왕（大王）、대원수（大元首）、대전마마（大殿妈妈）”。相对于对方的高地位，自己处于下位。用“小+NP”结合而成的复合式结构来称呼自己，如“하관（下官）、하생（下生）”。人民把从自然空间得来的感知体验映射到官职当中，敬谦语素“大”，即体现出了与己相比，对方的官职、地位相对较高，处于高高在上的上位之意，又包含了说话人的恭敬态度。与此相反，自谦语素“小”则隐喻自己的官职和地位比对方小，处于低低矮矮的下位，在高高在上的上位面前应保持谦虚的态度。

（二）汉字敬语素“왕（王）、존（尊）、현（贤）”的“大、小”空间文化思维

“王”会意。本作“士”，是能独立任事的人，后加一横，表示在“士”之上，即人间最高统治者。后来人们将其隐喻到儒文化中，认为王字中，这三横则代表天、人（或动物、物）、地三种不同的层级。一竖则代表能够将这三种不同层级紧密地、有机地联系在一起的人（或动物），如果不能有机而紧密地联系在一起，即使组合在一起也产生不了一个真正的王。所以王就是能够将天、人（或动物）、地有机地联系在一起的人（或动物）。该词在语用中

虚化为敬语素，常常与家中权威人物结合。如敬称祖夫、祖母、父亲、母亲时可称呼为“왕부（王父）、왕모（王母）、왕대인（王大人）、왕-대부인（王大夫人）”。其中“왕부（王父）、왕모（王母）”主要用于书信体中。在封建社会宗法家庭中父母之命不可违，父母是一种权威的象征。而父母的权力又来源于祖，他是宗法权力的合法继承人，是家族利益的合法代表。因此，敬语素“王”表示至高无上的意思，是最高权力的一种象征。用于称对方家里辈分较高的长辈，显示出了非常尊敬的意味，同时也预示了长辈的权威。

儒家礼文化崇尚尊尊原则。家族中的尊尊原则是为了维护家族权力中心的凝聚力而建立的，其最终是要在宗法血缘关系基础上，建立血缘关系之外新的社会关系和权力结构。其表现首先是尊君，以维护君权为目标。其次是尊齿，是对年长人的尊重和服从。最后，是尊贤或尊爵。受儒家礼文化尊尊原则的影响，冠以“尊”做为敬语素用来敬称家族中的长者。如表达对对方父亲的尊敬时用“존공（尊公）、존옹（尊翁）、존부（尊父）”；对对方母亲的尊敬时用“존당（尊堂）”；对对方妻子的尊敬时用“존부인（尊夫人）”；对对方的嫂子的尊敬时用“존수（尊嫂）”；对自己的公公尊敬时用“존구（尊舅）”；对自己婆婆尊敬时用“존고（尊姑）；尊称自己的姻亲父母时用“존구고（尊舅姑）”；尊称对方伯父的妻子时用“존백모（尊伯母）”；尊称对方叔叔的妻子时用“존숙모（尊叔母）”；“존형（尊兄）”用于尊称他人的兄长。

儒家礼文化的宗旨在于“别”。区别是以身份为标志的。身份可以一般地分为自然性质的身份（如血缘身份、齿序身份、性别身份等），一种是由非社会的因素决定的；另一种是社会性质的身份，如社会地位、官职级别等，主要是由社会等级决定的。血缘身份、社会等级身份以及性别身份是三种最重要的身份标志。“别”就是要分别不同的自然和社会身份以形成等级，并进而形成等级秩序。礼的区别就是要在分辨身份的基础上，形成社会关系与社会结构，如父子、君臣的区别就构成了社会关系，这种关系又是一种支配与服从的两分式社会结构。这种区分身份的原则在亲属称谓敬语上也有所表现。

“贤”原本是一个带赞誉性评价色彩的美称语素，后来“多才、贤能”的语义弱化成了一个带有爱称色彩的与“尊”相区别的表敬语素。韩国语汉字借用敬语素“贤”，基本上遵循《颜氏家训》中自叔父母以下，则加“贤”字的古训。如敬称子孙辈有“현식（贤息）、현질（贤侄）、현서（贤婿）”；敬称同辈兄弟姊妹的有“현제（贤弟）、현매（贤妹）”，敬称妻子或女婿时有“현-부인（贤夫人）、현서（贤婿）”。而“현부（贤父）”用来形容父亲的贤明品德，多用于叙称。

（三）汉字敬语素“선（先）、노（老）、장（丈）”的“大、小”空间文化思维

敬谦语中，长、幼构成了一对“大、小”的时间空间隐喻。辈分和年龄用该坐标来表示的话，空间感知的体验告诉我们通常情况下是“先左后右”方位顺序。这种空间顺序映射到时间隐喻就是“先长后幼”。先于我们出生的，年龄、辈分上长于我们，位于坐标的左面。在我们之后出生的，年龄、辈分上小于我们，在坐标的右面。韩国自三国时期与中国互通有无，中国的文字及儒文化被韩国加以吸收和利用。因此，古代中国传统儒文化中的“以左为尊、长幼有序、论资排辈”思想在认知语言中可以理解为年龄大的、辈分高的，家庭地位和社会地位相对较高，在坐标轴上所占空间也相对较大，常常被尊重。与此相反，辈分低的，家庭地位和社会地位相对较低，在坐标轴上所占空间相对较小，不予尊重。这种思想被韩国人所接受，并通过韩国语敬谦词体现出来。例如：

선（先）—선대부인（先大夫人）、선대왕（先大王）、선대인

(先大人)、선생(先生)、선완장(先阮丈)、선조모(先祖母)、선조부(先祖父)、선처댁(先妻宅)、선부군(先父君)

노(老)—노공(老公)、노군(老君)、노대인(老大人)、노부인(老夫人)、노불(老佛)、노사(老师)、노선생(老先生)、노야(老爷)、노인장(老人丈)、노장(老丈)、노존(老尊)

장(丈)—백부장(伯父丈)、사장(查丈)、숙부장(叔父丈)、어장(鱼丈)、완장(阮丈)、위양장(渭阳丈)、춘부장(椿府丈)

凭借在生活中先左后右的感知，人们常常将时空很早的“先”与去世的“先辈”联系起来，隐喻辈分极高，年龄很长。将时空较早的“老”与在世年龄较长、辈分较高的人联系起来。敬语素“丈”原本是指长度单位，《说文解字·十部》中解释：“丈，十尺也，从又，持十。”后来根据人们的空间感知，人们将“丈”与男子的身高联系起来。根据古代的尺码，一个成年男子约有一丈高，所以古人称成年男子为“丈夫”，而称那些伟男子，则为“大丈夫”。后来妻子称自己的男人也叫“丈夫”，其中自然有褒称之意。“丈”由此具有【+男性】义素特征。此后人们又将本用来测量田地空间长度和面积的感知映射到时间领域，即时间越远、长度越长，年龄越大、辈分越高。如古时对长辈男子的尊称“丈人行（父辈；长辈）、丈母（丈母娘，丈妈）、丈丈（对尊长的敬称）、老丈、岳丈”。“丈”由此又具有了【+长辈】义素特征。韩国语借用汉语“丈”的义素特征创造的敬谦词也用来尊称男性较长的长辈。

（四）汉字谦语素“家和舍”的“大、小”空间文化思维

韩国语中汉字借用谦语素“가(家)、사(舍)”构成的“가부(家父)/가안(家严)、가모(家母)/가자(家慈)、가형(家兄)、가부(家夫)”和“사제(舍弟)”等敬语词反映了人们空间思维“大/小”的概念。如汉字“家”会意。甲骨文字形，上面是

“宀”（mián），表示与室家有关，下面是“豕”，即猪。古代生产力低下，人们多在屋子里养猪，所以房子里有猪就成了人家的标志。因此，“家”的实体概念可以指房子，抽象概念可以指家人即家庭成员。“舍”象形。上端像屋顶，下端像建筑物的基础。中间是客舍招徕顾客的幌子。本义是客舍。如：“庐舍（简陋的房屋）、茅舍（茅屋）、舍园（宅内庭院）、舍中（家中）、牛舍。”从“舍”的本义上来讲，是用于住宿、休息的地方。从实体的空间范围看，“舍”没有“家”大。根据这种体验感知，人们将“家”和“舍”的大、小空间概念感知映射到时间领域，“家”与家庭成员中年龄较大的长辈联系在一起，“舍”与家庭成员中年龄较小的成员联系在一起。这便是人们具象思维下的“家大、舍小”谦语语素的由来。

二　非称谓敬语中敬谦语素的“大、小”空间文化思维

“上”和“下”是“大”和“小”概念的延伸，也是表示势差空间的语素，“上”的肯定价值与社会文化相关。当我们健康、心情好的时候，会把头和脸抬起来。欢迎客人或答礼的时候会把手向上抬，大拇指向上举也是表示好的意思。不高兴我们往往会低头。因此，在涉及对方的称谓时常常用“上”表肯定，涉及自己的称谓时用“下”表否定。在社会交往中，“上、下”关系常常受到力量关系和利害关系两种力量的驱动。力量关系主要是指依据权力和地位支配的关系。利害关系是指和自己有用的人的关系。①在两种社会关系的力量驱动下，再加上自古以来就植根于中韩民族文化中的“家国一体化、官本位、三纲五常”等儒文化思想和行为规范的制约，与人交谈时，无意识地以自我为中心的上下概

① 서정수，국어문법，한양대학교 출판사，1996，p. 992.

念就形成了。韩国语敬谦词的使用体现了己与对方的上下社会地位、大小利害关系。下级服从上级，看上级脸色行事，在上级面前要表现得谦恭，正是儒家文化中“分阶级、分尊卑、分贫富、分男女、分长幼”等正名思想的集中体现。这种文化思想在社会空间文化中就是“分高低、分大小、分左右、分上下”。用敬谦词来体现，敬词呈现出了高高在上的“大”，谦辞则表达出了低低矮矮的“小”。社会关系中统治阶级脸面上的“上”与“下”决定了被统治阶级地位的“向上”还是“向下”，因此，为了迎合统治阶级高高在上的“大”思想，被统治阶级不得不表现得谦恭，在社会交际中恪守贬己尊人原则。这种思想运用到语言交际中，以自我为中心，当“上”接在表示己方行为的前面时义位是“向上”。韩国语中的“드리다，올리다，바치다，봉헌하다（上呈）”“여쭈다，아뢰다，사뢰다（上告、上言）”还有与表尊敬的“아/어/여 드리다”结合而成的“가져드리다，알려드리다，말씀드리다”，其中“아/어/여 드리다”或者“드리다”在韩国语中被称作补助动词，表示对间接宾语即“上位”者的尊敬，可以理解为“呈献给上级”“禀告给上级”“进言给上级”或“向上级呈献”“向上级禀告”“向上级进言”。由于语法形态的标记可知呈献、禀告、进言的对象地位一定比自己地位高。用认知语言学的意象图式来解释的话，表示听话人地位太高，通过说话者向上“运动”接近听话人的语义隐喻以示尊敬。① 当“上”表示他方行为时，义位“在上”以显示与己的空间势差。通过这种空间势差来凸显对方地位高、权力大，自己地位低、权力小。例如，韩国语中，表示对他方“在上”地位尊敬时，多用补助语法形态“시”或者表尊敬的补助词“으시”来体现，以示尊敬。

与“上”一样，当“下”接在代表对方或他方行为动作前时，

① 徐敬明：《意象图式：汉语敬谦辞的认知分析》，硕士学位论文，北京航空航天大学，2008 年，第 41 页。

以示尊敬。用意象图式表示的话，喻义说话人地位太低，上位者听话人不得不向下“运动”接近说话人。① 例如，韩国语有“하념（念）、하답（答）、하서（书）、하량（谅）、하림（临）、하명（命）、하송（送）、하탁（托）。”当“下”接在代表己方物名前时，义为“在下”以示谦虚。例如，韩国语有“하정（下情）、하회（下怀）”。还有一些词像“陛下-폐하”“殿下-전하”“麾下-휘하”中的“下”是一种转喻现象，用听话人居住或工作的地方来指称听话人以示尊敬。

随着人际交往的扩大，先民逐步体验了人的个性差异与品德差异，于是展开隐喻推理，使“大”又引申出了“性格外向的”“品德较高的”的新义项。例如韩民族中汉语借用词“大德-대덕（德）”是先民基于利害关系的体验和价值特性的判断，对待不同等级事物做出了不同的价值评判，产生了“尊崇”与“轻视”相应的态度。韩国语中的“大”+NP（抽象名词）中的“대명（名）、대법（法）、대찰（札）、대효（孝）、대훈（训）”正是这种隐喻推理态度的体验。这种体验感知还体现在意思相近的敬谦表达中。如意义相近的敬谦表达有“거작（巨作）、거저（巨著）、큰 복（大福）”，韩国语中“거（巨）”通“大”，以“大”示敬。谦辞有“자그마한명성（微名），미력，조그마한 노력（微力）”。其中，“자그마하다”“미”“조그마하다”通“小”，表达谦虚之意。

三　敬谦语素“大、小”社会空间文化的解析

韩民族将汉语敬谦词直接或加以改造地借用到韩国语时，经历了相同的文化感知。这种相同的文化感知就是指说话人的“向上”或“在下”的敬谦驱动心理。在“分阶级、分贫富、分贵贱”的等级社会，“上”的文化空间思维驱动着“上”的空间语言形式

① 徐敬明：《意象图式：汉语敬谦辞的认知分析》，硕士学位论文，北京航空航天大学，2008 年，第 39 页。

的表达，也就是说社会空间文化交往中必须以“大”为中心，“大”孕育着好的、积极的一面，受人推崇和尊敬。朝鲜王朝自古奉行“事大主义”交际原则，诚心事奉中原王朝。政治上它依从儒家礼仪制度，按照明朝的政治制度组织国家，正如朝鲜古书《象院题语》中所说：“虽在海外，三纲五常，中国一般了；敦行孝悌，遵守礼法，刑政法度，依着大明律条行。”外交政策则奉行朝贡之策，思想文化上归依中华文化。所以朝鲜将宗主国中国奉为“天朝”或“中华”，而自称为“小中华”。这种将自然空间的感知和社会空间感知相联系，以自然空间纵向维度中“高”“上”来映射对方社会空间维度地位的“强和大”，以自然空间纵向维度中“低”和“下”来映射己方社会空间维度地位的“弱和小”。“以小敬大”“贬己尊人”正是儒家文化空间思维映射下的社交处世理念。

语言作为一种文化现象，与文化相濡以沫，协同发展。由于同属亚洲文化圈的中韩两国在历史发展的长河中都传承着儒家礼文化的“正名、三纲五常、官本位、家国一体化”等思想，敬谦语作为这种礼文化映射的产物，无不受到礼文化影响下的思维方式的制约。中韩两国礼文化的相似性决定了敬谦语表达空间文化思维的相似性和敬谦语语义、语用的类似性。把握这种空间文化思维的相似性不仅有利于中韩两国人们进行跨文化交流，对中韩两国人民的韩国语和汉语目的语学习也能起到一定的借鉴作用。

中韩跨文化交流过程中，承载着中国传统儒文化“分”思想的敬语词汇被源源不断地借用到韩国，并在韩国本土上生根、发芽。受韩国语语言特征的制约，这些汉语借用词汇在韩国的使用可能是昙花一现。但是其所反映出的社会空间“大、小”思维对立却被韩民族所继承和发展。人们在长期实践过程中自觉或不自觉地用自然空间体积的“大、小”来隐喻人们的官职、地位大小、“高低”，用财富的“多少”来隐喻人们身份的“贵贱”，用时间的

“久远”来隐喻人们年龄的“长幼”。在人们的自然感知中，人们通常将好的、积极的感知隐喻社会、家庭地位高、年龄较长的长者；将不好的、消极的感知隐喻社会地位低、年龄相对较幼的晚辈或自己，以遵循传统儒文化的谦己尊人、克己奉公的礼貌原则。

第三章

韩国语敬语词与儒家宗法“礼”意识形态的关系

——以韩国语敬词“우리”为中心

韩国几千年的封建社会是一个宗法等级社会。封建的宗法家庭、伦理观念具体体现在韩民族的家庭、亲属称谓上。宗法是一种宗族制度，它表现为“家国一体”，又体现了族权及君权的血缘亲族制度。宗法的内容体现在“家庭”的观念上，家庭结构主要包括“夫妻”“父子”“兄弟”三种关系，家庭成员中，父亲作为一家之长，享有至高无上的权力。除父亲外，其他成员皆无独立的人格。家庭权力集中于男性家长手中，大家庭的精神领袖仍是男性长辈。家庭内部实行父系夫权制，家庭的嫡嬗父统，家庭内部长幼尊卑严格有序，重视家庭外部的各种亲属关系以及同姓、同宗、同乡关系。以上传统宗法制度制约下的儒文化思想在家庭伦理观上还可表现为男尊女卑、男女有别、亲属远近。也正是由于韩民族重视宗族亲属关系，才产生了区分如此严格的称谓词。

第一节　韩国语敬语词与封建家礼“别”思想意识形态的关系

儒家礼文化的宗旨在于“别”。区别是以身份为标志的。身份一般可以分为自然性质的身份（如血缘身份、齿序身份、性别身份等）和社会性质的身份（社会地位、官职级别）。其中，自然性质身份是由非社会的因素决定的；社会性质的身份，是由社会等级决定的。血缘身份、社会等级身份以及性别身份是三种最重要的身份标志。“别”就是要分别不同的自然和社会身份以形成等级，并进而形成等级秩序。

一　长幼之别·敬语词

中国有句古话为王者至尊，亲属称谓敬语中的汉字借用敬语素“王”，之所以用于家庭中地位高的核心称谓前，是因为该成员在家庭中有着至尊的家庭地位。敬语素“尊”与“贤”在表达表敬语义时之所以区分大、小，是因为受宗法制度下的长幼有序儒文化思想的制约。

韩国儒家礼文化的传统亲族观念是以直系亲族关系为中心形成的。其中以父为中心亲族关系始于“아버지”这个单词。“아버지”的语源语素“압（父）”[①]是由“압（父）+엇（亲）+이（主格）”变迁而来的。以语源“압（父）”语素为中心的直系二代上位尊属的男性血缘“할아버지”的语源原形是“한+아비”。其中“한”在韩国语是“大”的意思。翻译成汉语就是“大父”的意思。非直系一世代上位尊属的男性血缘关系“아저씨”也是“압（父）”语素为中心构成的即“앗+압+이”。其中“앗”通“小”。还有亲属称谓语“오빠”也可以被记作“오라비”，其语源“올（早）+압（父）+이”[②]也是以“압（父）”为核心语素。以“아버지”的造词语源为参照，以“엄（母）”语素为中心的“어머니”“할머니”“아주머니”的造词是以语源语素“엄”为核心构成的。如“어머니→엄（母）+엇（亲）+니（女性接尾词）”“할머니→한

① 崔昌烈:《우리말 语源研究》，韩国一志社 1986 年版，第 132 页。
② 同上书，第 135 页。

（大）+엄（母）+이（主格-名词化）”“아주머니→앚（小）+엄（母）+엇（亲）+니（女）”。[1] 从造词语源上也可以透视出“父”的“主权”的地位。

在中国，丈夫的弟弟妹妹完全可以称名字，有时即使比自己大的丈夫的兄、姐或姐夫、嫂子，如果关系非常好，也可以沿用婚前的称呼，如“小芳”“阿红”等，或称“姓+哥（姐）、名+哥（姐）”或者“姓名+哥（姐）”。而在韩国即使是自己的亲妹妹，如果嫁给了丈夫的哥哥，在婆家时按传统也应按男方的长幼顺序称自己的妹妹为“嫂子（형님）”。

韩国语还可以根据场合的正式与否，使用不同的尊敬等级。如在非常正式的场合上，要在“큰 아버님（伯父）”“작은 아버지（叔父）”“작은 어머니（叔母/婶婶）”等汉字词后面加上敬体后缀“님”，叫“伯父님、叔父님、叔母님”。

二　男女有别·敬语词

（一）称呼者的“男女有别”

韩国语根据说话者的性别对同一个人使用不同的称谓敬语。对自己的哥哥，男性通常尊称他为“형님”，而女性通常称为“오라버님”。同样，对自己的姐姐，男性叫“누님”而女性叫“언니”。如果说话者是男性，称呼嫂子为“형수님，아주머님”。如果是女性，则称呼嫂子为“언니，새언니，형님”。女子称呼丈夫的弟弟“도련님（未婚）、서방님（已婚）”，男子称呼妻子的弟弟为“처남”。

（二）被称呼者的“男女有别”

韩国语称谓敬语中，妻子称呼自己的丈夫通常用敬语“바깥주인”或者“바깥양반”。丈夫称呼的自己妻子时，则用“집사람，

---

① 崔昌烈：《우리말 语源研究》，韩国一志社 1986 年版，第 142、144、145 页。

안사람”。受韩国儒文化男女有别思想的影响，家庭中常常是男主外，女主内。男子即丈夫是家庭的主导，掌握着家里的主权，女子即妻子处于附属地位，主要负责料理家务和养育子女，通常不占主导地位。这种社会分工及儒文化思想意识形态的“男女有别”使得韩国语固有的汉字敬语词“내외（内、外）”常常被用来称呼夫妻。

儒文化思想意识形态下，韩国人把婚姻看作一个人成人的标志，无论男女，不论岁数，只要结婚了，就可以被视为成人，韩国语称作“어른”。因此，婚前和婚后的称谓也有很大的区别。由于古代儒文化封建男尊女卑思想的影响，结婚前女子通常被称为“계집”。其语源为“겨+집”。[①] 其中，“겨”是“在”的意思。和“집”意义复合为“在家”，带有贬义。结婚之后，对刚结婚的女子韩国语常常称其为“새댁”。“댁”同“택”，指称建筑，并用于指称“家”或者“家人”，语用中常置于丈夫姓氏的后面如“강서방댁，박선생댁，이사장댁”，无不反映出“男前女后”“男女有别”等思想。与此相同，男子在成婚前常常被称为“도련님”，其语源为“돌잇님（都利）”。[②] 其中，“돌이”寓意像石头一样结实，带有褒义之意；婚后男子通常被称为“서방님”。除此之外，韩国语称呼比父亲大的兄弟为“큰아버님，백부님”；称呼比自己小的兄弟为“삼촌（未婚），작은 아버지，숙부님（已婚）”。而对女性则不论年龄大小都称呼为“고모님”。这些都是儒文化思想意识形态制约的结果。

三 内外有别·敬语词

汉语中，母亲的父母通常被称为“外公、外婆”，母亲的弟弟和弟媳为“舅舅、舅妈”。其对应的韩国语可以表示为“외할아버

① 崔昌烈：《우리말 语源研究》，韩国一志社 1986 年版，第 179 页。

② 同上书，第 307 页。

지, 외할머니”和“외삼촌, 외숙모”。其中“외”通“外”。“外”的对立面是“内”，为了与父系亲属称谓相区别，通常惯于在母系亲属称谓前加“外”以示区分。这种区分在汉语中，不仅在口语得以体现，书面语中也加以区别使用。而韩国语只是在书面语中加以区分，口语中不加区分，即使称呼外公和外婆也叫“할아버지”“할머니”。也就是说，汉语面称和被称都表现出了内外有别，而韩国语只有背称时内外有别才表现明显。

除此之外，汉语中对女婿和儿媳妇经常直呼其名，或称呼名字的后两个字，或在字的名字前面加“小”字，如“小红”，像是在称呼自家的子女，显得很亲近。此外，随着大家庭变小，大家庭观念逐步淡化，严格强调内外有别的传统称呼也随之逐渐消失。

汉语对嫂子和姐夫有时叫做“姐姐、哥哥”或“名字后一两个字+姐（哥）”，对弟妇和妹夫都可以直接称名。对于比自己年龄小的夫家或妻家的妹夫或弟媳都可以直接称名字。在称谓上有更加强调亲近感的趋势。而在韩国，对女婿和儿媳妇几乎不直呼其名（特别是对女婿），称女婿为“姓+서방”或“애비”，因为根据女婿是“万年客”的传统观念，妻系亲属不能直呼女婿的名字，同样女婿也不能直呼其他人的名字。韩国语中，称儿媳妇为“아가”或“손자/녀이름+에미”。除此之外，对丈夫的姐夫、妹夫、嫂子、弟媳和妻子的姐夫、妹夫、嫂子、弟媳，都不能直呼其名，因为毕竟是外家人通过婚姻进入了夫家或妻家，内外有别。韩国语称谓词中内外有别之所以与汉语不同，主要是因为韩国过去的封建性权威主义虽然也在衰退，但程度远不及中国。另外，在韩国语中，丈夫称妻系成员时比称自己亲属用更高的敬称，但不如妻子对丈夫的亲属用的敬称等级高。比如，韩国语妻子对丈夫的妹夫称“서방님”，而丈夫对妻子的妹夫则称“동서”或“姓+서방”，明显看出尊敬程度的不同。

四　亲疏有别·敬语词

东西方语言中亲属称谓的亲疏远近比较分明。例如，英语中第三代血亲没有专门的称谓。这是由于西方重视核心家庭，特别强调夫妻核心家庭而不大重视父母核心家庭；注重个人权利，不重家庭义务。子女长大成人结婚以后，将夫妻核心家庭放在首位，疏远了父母核心家庭，亲属关系淡化。这不仅导致对第三代血亲的忽视，而且导致对于旁系血亲的忽视，

韩国语在区分亲属远近时通常使用寸数法。“寸数法”是该民族用来计算亲属关系亲疏远近的特有方法，其计算方法是，在血亲方面，直系血亲从自身上数或下数，每一世代为一亲等，如父母与子女是一世代，为一亲等；祖父母与孙子女是二世代，为二亲等，以此类推。旁系血亲则从自身上数至共同的直系血亲，再由共同的直系血亲下数至要计算亲等的亲属，一世代为一亲等，所数代数之和，即为自己与所指亲属的亲等数。具体可参照金花玉（2001）的论文《朝鲜语亲属称谓结构分析》。在韩民族思想意识里，认为八寸为一家，即八寸以内属近亲，八寸以外就算是远亲了。按照寸数计算法，通常寸数越小关系越近，寸数越大关系越远，根据寸数大小就可知其亲属关系远近。在语义分类的细微度上，关系近的亲属称谓表达形式多样，关系远的亲属称谓表达形式较简单，并且外亲和妻亲的称谓大多数是由宗亲直系和旁系基本称谓加上附加形式构成的。①

儒文化传承过程中，韩国语无论夫系还是妻系，在称谓词上与汉语有明显的差异。例如韩国语中，妻子作为一个家庭的儿媳妇，对夫系成员几乎都要用敬称，不论性别、年龄大小。对公公、婆婆要用“아버님，어머님”。对丈夫的弟弟、妹妹用“도

① 余花玉:《朝鲜语亲属称谓结构分析》，硕士学位论文，中央民族大学，2001年，第42、43页。

련님，아가씨”。对丈夫的哥哥称呼“시아주버님”。对丈夫的姐姐称呼“시누님，시누，작은 아씨”①。而对自己的父母则只有在极特殊的场合下才用敬称词尾“님”。在汉语中，妻子要用丈夫家庭所用的直系称谓语，同样，丈夫也用妻子家庭所用的直系称谓语，特别是妻子，可以对丈夫直呼其名，而韩国语则至少要加上尊敬词缀“씨”。不难看出在中国，夫、妻系亲属称谓语相当平等，而在韩国就大相径庭。究其原因，主要是源于韩国传统的、以夫系为中心的观念，中国在经历变革时传统的儒家思想淡化了很多，而在韩国，儒家思想还在继续强烈地发挥核心的作用。

第二节 韩国语敬语词与儒家宗法“和”思想意识形态

一 亲属敬语称谓·“和”思想意识形态

儒家以“和”为贵。“和”就是要与人为善。古代儒家的一个重要共识是，要在“别”与“和”之间达成平衡，最终在不同等级中实现敬畏与亲和平衡。礼的功能是区别，以产生尊敬的感情；与人为善的功能是和谐，以产生亲和感。礼与善得宜，就会在上下之间产生共同的感情，并在外表上表现出来。实行“别”与“和”平衡，就是要在不同等级中区别身份的基础上，在下层产生对上层之敬畏感的同时，防止产生疏离倾向。其宗旨是一方面严格区别社会等级，在言论行为和文化认同方面，形成不同层面的自我身份意识；另一方面又要防止不同层次与身份的人群，产生

① 장신항，오늘 날의 국어생활，박이정 도서출판，2007：195 연.

认同上的离心倾向。这种思想被映射到敬语词中，汉语通常用标记性敬语素“令”表示“美好”，是其假借义。师古曰“令，善也”、常修饰“色”组成“令色”，表示“美好的姿容”，是一个通用于他人亲属的前置敬语素，无年龄和辈分、直系和旁系之分，无宗亲和非宗亲、活亲和死亲之别。该汉字敬语素被借用到韩国语中，除了对对方妻子的尊称“영부인（令夫人）、영처（令妻）”和对对方侄子尊称的“영질（令侄）”外，主要用于对他方血亲亲属的敬称，如：

敬称对方的父亲：영대인（令大人）、영존（令尊）

敬称对方的母亲：영형（令堂）

敬称对方的弟弟：영제（令弟）

敬称对方的妹妹：영매（令妹）

敬称对方的女儿：영애（令爱）/영원（令媛）/영녀（令女）

敬称对方的儿子：영윤（令胤）/영랑（令郎）/영식（令息）/영사03（令嗣）

敬称对方的哥哥：영형（令兄）

敬称对方的姐姐：영자（令姊）

敬称对方的孙子：영포（令抱）令孙（영손）

汉字借用语素“令”的“和”功能在历史的演变过程中逐渐被韩国语固有词缀“님”所取代。在古代新罗乡歌《薯童谣》中，“님”用汉字“主”来标记其义，如：“善化公主主。”“님”在十五六世纪中也表示过“主”的意思。它可以表示“国王”，也可以表示“郎君”。可见“님”的本意是“主人”，后来在长期使用中逐渐演变成为表示尊敬的后缀成分。译成汉语，相当于“大人”“老爷”等之义。对长辈、年长者、主人、贵客等用“님”以示尊敬，与表敬语素“令”对应，无年龄和辈分、直系和旁系之分，无宗亲和非宗亲、活亲和死亲之别。如“아버님（父亲大人）”“어머님（母亲大人）”“누님（大姐）”“형님（大

哥)”等。① 谦己的亲属称谓敬语中“和”功能主要通过表谦语素“저희”来表示。“저희”几乎可以通用于所有亲属称谓。韩国语敬语词中“敬语词缀”所体现的“和”思想是相对于韩国语敬语词词缀“尊（用于长者)”和“贤（用于幼者)”所体现的“别”思想而言的。这种“别”与“和”的思想是儒家礼文化的辩证哲学思想的体现。

二 亲属称谓泛化·“和”思想意识形态

韩国人喜欢初次见面时就问年龄，这种习惯也是儒家宗法礼的表现，见面时，通过得知对方年龄，区分长幼关系，从而选择合适的敬语法形式。还有韩国语亲属称谓，用于称呼年长的人，从语用上就是出于尊敬。这种亲属称谓的泛化也是儒家礼文化“和”思想的一种表现形式。如：敬称祖父辈且年纪与祖父相当的男性时用“할아버님、名+할아버지（할아버님)、听话人之子女/孙子名+他/她+할아버님”；敬称祖母辈且年纪与祖母相当的女性时用“할머니（할머님)、姓씨+할머님、听话人之子女/孙子名+他/她+할머님”；敬称父亲辈且年纪与父亲相当的男性时用“아버지（님)、子女名+아버지（님)、아저씨（姓씨+아저씨、职业类名+아저씨、身份+아저씨)”；敬称母亲辈且年纪与母亲相当的女性时用“어머니（님)、子女名+어머니（님）-只用于熟人、아주머니、아줌마（姓씨+아줌마、职业名+아주머니、身份+아주머니)”；敬称母亲辈且年纪比母亲小的已婚女性时用“이모님”；敬称同辈且年纪比自己大/相当的男性时，称“형님（称呼者为男性)”如,“형（哥哥)、名+형（명호형-明浩哥哥)、姓+형（이형-李哥哥)”；敬称同辈且年纪比自己大的男性时（称呼者为女性）如,“오빠（哥哥)、名+오빠（명호오빠-明浩哥哥)”；敬称同辈且

① 廉光虎、池水涌:《韩国语敬语形式的研究》，辽宁民族出版社2003年版，第6页。

年纪比自己大/相当的女性时，当称呼者为男性，如“누님，누나（姐姐），名+누나（희선누나-熙善姐姐）”，当称呼者为女性，如“언니（姐姐）-称呼者为女性，名+언니（희선언니-熙善姐姐）”；敬称同辈且年纪比自己大/相当的已婚女性时称“아주머니”；称呼同辈且年纪比自己大的男性妻子时用“형수님”；称呼同辈且年纪比自己小的男性妻子时用“제수씨”；敬称同辈或对年纪比自己小的男性或女性时用“동생”。

以上韩国语亲属称谓泛化的形式中，“아버지（님），어머니（님）”不仅用在称自己的父母，而且也用于称呼自己好朋友的父母，但在汉语中即使是关系再亲密的朋友之父母也不会用“爸爸”“妈妈”的称呼，而只用“伯父”“伯母”或“叔叔”“阿姨”。这也是在中韩称谓语领域反映出的一种差异——称好朋友的父母时，韩国人是从自己的角度出发称“爸爸”“妈妈”表示尊敬和亲密，而中国人则是从父母的角度出发，以自己父母之同胞的称呼来表示敬重和亲密。① 随着社会的发展，“아줌마”这个亲属称谓词在泛化成拟亲属称谓时，无论是从意义上还是从使用方式上，都发生了很大的变化。在 20 世纪 70 年代，有“사모님，아주머니，아줌마”三个等级之分。在人们看来，地位常常和财富挂钩，通常称表面看起来比较富裕的人为“사모님”。称呼生活条件不是很好的中年妇女为“아주머니”或者“아줌마”。

宗法制度提倡“家国一体化”，在封建家礼中，家礼所体现的封建尊卑思想是社会礼仪文化的缩影。社会交际原则中的长幼之分，社会企业中的家族制度、集体主义精神都是封建家礼思想意识形态在社会中的体现。亲属称谓的泛化反映了一种社会关系，这种社会关系像投掷石子于水面一样，以己为中心向外划出

---

① 赵钟淑：《中韩现代亲属称谓语研究》，博士学位论文，山东大学，2008 年，第 91 页。

远近亲疏的圈子。血亲关系是靠近圆心的最内层，是圆得以推广的中介。拟亲属关系与亲属关系的相近性使其得以补充亲属关系，使水波可以推演开来，在民众生活中承载起部分亲属的责任与义务。韩国社会与个体之间，个体与个体之间，因为刚性制度化关系不恰当运用，而变得冷漠无情。民间社会关系被架空，生活于其中的普通人无法用正式关系维护自己的权益。造成社会成员既无责任感，又无归属感。民众为了使社会生活得以顺利进行，自发动用拟亲属关系，结成亲密的拟亲属关系网，用来得到心灵上的慰藉。因此，当代韩国人非常重视拟亲属关系，在学校、社会，经常可以见到韩国人之间以兄弟姐妹相称。为了增强个体的认同感，实现个体对社会的依附和认同，使个体与社会间的对话成为可能，也使个体很好地融入社会，形成个体对社会的认同感，儒文化传承过程中变异的互惠原则即所谓的凭关系、拉关系、办事请客送礼，已经成为一种潜规则。这正是千百年来儒家礼俗秩序即利用传统的人际关系和伦理维持社会秩序，通过人伦纽带将自我与他人联系在一起，形成一个个相互束缚、相互依靠的关系网，是儒家礼文化“和”思想的重要体现。

第三节　韩国表敬词“우리”与儒家礼文化意识形态研究

中韩跨文化的语言接触过程中，许多汉字被借用到韩国语中，如“朕、余、予、我、吾”。这些自称表现形式在韩国的传播和演化经历了原样移植、训读（借意不借音）、“吏读”“谚文”，最终演变成今天所使用的第一人称表现形式“우리”。这种表现形式随着语言和文化的接触，相比历史的某个时期已经发生了变化，但又

始终固守着韩民族的文化特征。正是受这种特有的文化特质的制约，“우리”所体现的“天人合一”思想和“集体主义”精神被传承下来，并被发扬光大。

韩国语中在向对方介绍自己的家庭成员的时候，常常使用“우리”或者“저희”。从字面意思上看，这两个词对应的汉语意思是“我们”。如“우리（저희）아버지（我的父亲），우리（저희）어머니（我的母亲），우리（저희）남편（我的丈夫），우리（저희）아내（我的妻子），우리（저희）할머니（我的奶奶），우리（저희）할아버지（我的爷爷）”等。关于“우리+NP（NP为亲属成员或集体名词）”形式，许多韩国学者从其结构的共时层面出发，将该形式中的“우리”概括为是意义上的单数，有拉近与群体关系的亲近感的语义功能，表现了话者的谦恭态度，是韩国社会集团文化作用的结果。那么，先行研究者们指出：“우리+NP（NP为亲属成员或集体名词）”形式中的“우리”可以作为单数使用和韩国语字典中关于“우리”表示复数的解释是否矛盾？如果说“우리”可以作为单数使用的话，那么，这种单数在语义概念上能不能和汉语“我”完全对应？先行研究中说“우리”具有表敬语用功能，其根据是什么？这些问题都是值得我们深入探讨和研究问题。本节试图就以上问题进行探究。

一 “우리”的表敬意识和“天人合一”思想

韩国的开天神话《檀君神话》中，将天和人视为统一体，天原本是一个象形文字，本义为人的头顶。《说文》曰：“天，颠也。”《说文解字·诂林》引陈柱《释天》曰：“颠，顶也，天为人顶。”古人正是有头顶在上，引申为头顶上而为天。而人生活于其上的大地，对天而言，则是卑下的。古代传统的天尊地卑观是“上为尊，下为卑”。《易经》曰：“有天地然后有万物，有万物然后有男女，有男女然后有夫妇，有夫妇然后有父子，有父子然后有君臣，

有君臣然后有上下，有上下然后有礼仪。”[①]“天人合一”是说天会以祥瑞和灾异与人的行为互相感应。社会太平，人气和顺，天就会降下各种祥瑞以示赞许，大自然的灾异则是天对人世的谴责，人的善恶行为都会得到来自天的不同反应，而天的某种征兆是对人世某种事态的发生与结局的预示。韩国《檀君神话》中登场的桓因源自韩民族很早以来信奉的太阳崇拜。“한나님（한힘）”和“桓因”发音接近，该词是“天帝”的意思。这是因为太阳是阳光的源泉，具有生成万事万物的神力和作用。韩国人喜欢白色据说也源于对太阳的崇拜。[②]“桓雄”的“雄”被训读为“숫”，桓雄作为古朝鲜社会的男性始祖神，像扶余建国神话中登场的解慕漱一样意味着天帝子·日子（太阳神的儿子）·天王·天王神。[③] 人们出于对超自然力的敬畏，从此就有了自然崇拜。这种崇拜通过敬语的语言形式表现如，古代先人15—20世纪对太阳的崇拜用“햇님”；对月亮的崇拜用“달님”，对星星的崇拜为“칠성님，별님”，对神灵的崇拜为“산신령님，신령님”[④]，“역신-마마（疫神妈妈），호성-마마（戶星妈妈），“영등마마（灵灯奶奶）[⑤]”等。以上实例词的后缀“님”和“마마”表达了韩民族先民对神灵的崇拜，这种崇拜又通过“天祭”的行为来实现。位于南满洲的扶余在《三国志》中记载“以殷正月祭天，国中大会，连日饮食歌舞，

① 蔡元培：《中国伦理学史》，东方出版社1996年版，第6、7页。

② 徐廷范：《语源别曲》，韩国汎潮社1986年版，第106页。

③ 弘益学术院：《弘益学术书第三辑》，弘益人间理念普及会，1988年，第32页。

④ 2007 한민족 언어 정보화 통합 검색 프로그램（http：//naver. com）.

⑤ “是指风神。传说农历二月初一从天界下凡，于二月二十日返回天界。她下凡时，必带女儿或儿媳随行。她带女儿下凡时刮顺风，带儿媳下凡时刮黄风。据说，刮黄风对世人不利，所以，须恭维和祭祀风神。风神祭由家庭主妇主持。她在三个水瓢里注满水，分别置于酱缸台、厨房和后院的洁净处。从二月初一至二月二十日天天不断祈祷。特别是在风神下凡和上天之日，要摆放供品，祈求阖家安宁、年成丰年。祭祀时，家里有多少人丁便要准备多少张白纸，每人烧一张白纸以向天祈祷。”金京振：《中韩宗教思想比较研究》，中央民族大学出版社2010年版，第18—19页。

名曰迎鼓，於是时段刑狱，解囚徒”①。就是说在殷正月有被称为迎鼓的祭天仪式。这个国中大会，连日举行祝祭庆贺秋收的同时感谢天神。这个祭天仪式不单单是祭典活动，而是每年一次将全部族员聚在一起，以信仰上帝为中心，巩固团结，处理狱事，给拘禁囚施予上帝的恩宠并将其释放，是与祭政一直联系在一起的祭天行事。这种祭天仪式强调人天信仰，通过祭典敦促各部族员间的友谊，构筑没有对立相战的和平社会。

古代先人将“天”视为是通我的存在，中国从甲骨文、西周金文到尚书时期，在殷商时代的甲骨文中称呼“余一人”或“予一人”，即言及自己一个人时用“余（予）”“朕”，言及自己所属的集体时用“我”。例如，王曰：“猷！告尔多士，予惟时其迁居西尔，非我一人奉德不康宁，时惟天命。无违，朕不敢有后，无我怨。”此例出自《尚书·多士》，为周公对殷商遗民发布的诰令。意为：周公说：唉！众位殷商的旧臣，我要告诉你们，我这个时候把你们迁往西边的洛邑，并不是由于我这个人生性好动，这是为了顺从天意。天意不可违，我不敢延误上天的命令，所以你们不要怨恨我。该句寓意周公将自己看成是天人的合一体，自己的意志就是天的命令。

古人所说的“天”含义比较复杂，有主宰之天（人格神）、命运之天（天命）、义理之天（天理）、道德之天（天德）、自然之天（苍苍的天空或大自然或外在的必然性）以及宇宙大全之天等。不同时代不同流派的思想家乃至不同场合，其所谓“天”的意蕴常有不同，在人们的自然崇拜观念中，人人可以直接与鬼神对话，可以直接向鬼神祈福求佑。

韩国古代文献中的第一人称主要是借代汉语的人称代词。朴英汉（1998）对韩国古代文献《三国遗事》中出现的自称表现形式

① 弘益学术院：《弘益学术书第三辑》，弘益人间理念普及会，1988年，第43页。

做了统计，发现常见的自称表现形式有“朕、余、予、吾、我”。其中“朕”的使用频率32次，“余”3次，“予”25次，“吾”65次，“我”183次。① 由此而知，在长期的汉字借代过程中，中国的传统的“天人合一”思想对韩民族的思想意识形态有着深远的影响。

韩国固有人称代词“우리”的语根是“울”和“아(私)”的语根“얼，알”作为同源语，具有“人”的意思。如 우리（吾等）：우리 始祖 ㅣ 日语中的第一人称“are”和二人称“ore”中语根“ar，or”，蒙语中的“uluk（亲族）”、olos（人）中的语根“ul，ol”都具有人的意思，是同系词汇群。和刚开始指第一人称单数，后来指代第一人称复数和日语中的“udi（氏）”是同源语。② 安玉奎（1995）也认为：代名词“우리”历史上看是“울（울타리）”的意思。“울”是指围绕物体周围的部分和部位。刚开始和周围的意思有点近似，慢慢抽象化，后来指示包括自己在内的周围许多人，成为表示复数的代名词。③ 这种复数概念似乎可以和古代汉语中的“我”④ 一词相对应。如韩国固有名词“우리”与神灵结合的复合词：“우리 부텨 如來 <1459 월인석，서，005b>，우리 天女<1459 월인석，04，007a>，우리 鬼王 <1459 월인석，21，121b>”。除此之外，韩国先民把“先祖”“祖上”“祖宗”看作“天”一般的

① 박영한(1998)：“朕”做主语为16次，定语5次，目的语为1次，介词的目的语为1次；“余”做主语3次，“予”做主语18次，宾语2次，补语1次，定语4次；“吾”做主语为32次，定语31次，间接目的语为2次。“我”做主语69次，定语71次，目的语23次，间接目的语6次，介词的目的语8次，补语6次。

② 徐廷範：《國語語源辭典》，서울：동방미디어，2002年（http：//www.chonbuk.ac.kr/main/main.php）.

③ 安玉奎：《语源辞典》，东北朝鲜民族教育出版社1995年版，第445页。

④ 从甲骨文、西周金文到尚书时期，言及自己一个人时用“余（予）”“联”，言及自己所属的集体或表示否定时用“我”。换言之，当自称表示单数时用“余（予）”“联”，当自称表示复数或否定时用“我”。参见陈翠珠《汉语人称代词考论》，博士学位论文，华中师范大学，2010年，第41页。

存在，也就是说把祖先幻想成为“天”的代理，带有“至尊”的性质。常常称呼祖上或上天为“조상님，하나님（하느님）”。在这种“天人合一”思想制约下，“우리 始祖 <1447 용비가 004>，우리先君莊王<1474 내훈언해 2：26b>，우리 先王 <1695 서전언해 2：37b>，우리 烈祖 <1695 서전언해 2：67b>，우리 宗<1695 서전언해 4：48a>，우리 祖宗 <1721 오륜전비언해 7：13a>，우리 宗族<1481 두사언해（초간）8：52a>，우리 宗묘 <1736 어제내훈 1：67b>，우리 先人<1721 오륜전비언해 2：35a>，우리 宗祀 <1721 오륜전비언해 3：35a>，우리 宗事<1737 여사서 3：66b>，우리 션비（先妣）<17xx 완월회맹연권 162，31b>，우리 조선（祖先）<17xx 완월회맹연권 165，4a>”等合成词也应运而生。儒家文化“天人合一”思想制约下的自然崇拜使得“우리”一词具有表敬色彩。这也是韩国檀君神话弘益人间思想的具体体现。

由此，古人将“天尊地卑”的“天道”“天德”下降成为“人道”“人德”。[①] 檀君神话中登场的桓因，蒙古语中称呼君长为“汗”或者“可汗”，新罗称呼为君长为“干”“邯”“今”，扶余和高句丽称呼部族长为“加”。现在称呼“大”为“한”，如：大路称为“한길”，汉江、韩江称为“한강”。特别在新罗的官职名中把“大舍”叫做“韩舍”，把“大阿飡”叫做“韩阿飡”；把“大奈麻”称作“韩奈麻”。以上实例中的“桓”“韩”是韩国固有的部长或者是君长的意思。古代封建宗法制度下，统治阶级为了维系其统治地位的连续性，将自己合理化称为是“神权”和“王权”的统一体。因此，尊天被演化成了尊君。“우리”与君结合的合成词应运而生。如“우리 天子 <1459 월인석，07，012a>，우리 太子 <1459 월인석，22，035a>，우리 聖上 <1464 오대산상원사중창권선문>，우리 聖上 <1713 악학습령，577>，우리 님금 <1467

---

① 王克婴：《论儒文化的盛世伦理特征》，《前言》2005 年第 3 期。

몽산법어약록언해，56a>，우리 周王<1695 서전언해 5：8b> 우리 님 <1713 악학습령，356>，우리 님군 <1713 악학습령，378>，우리 主上殿下<1736 어제내훈跋文：4a>”等。以上实例也可以用“우리+属格助词‘의’+国君”的形式表现。如“우리의 聖君 <1713 악학습령，353>，우리의 님 <1713 악학습령，525>”。其中“우리”表示复数可以翻译成“我国”，“우리+属格助词‘의’+国君”形式中“의”有强调作用，与对方国君相对，强调我方国君。受古代封建中央集权制度的影响，“君权神受制”合法外衣下的“우리”语义扩大化，不仅指最高统治者，而且可以指具有统治地位的人，如：“우리 노야（老爺），와 부인（婦人）<17xx 낙성비룡권 1，8a>，우리 쥬공（主公）<17xx 엄씨효문행록，36b>，우리 비쥬（婢主）<17xx 완월회맹연권 17，28a>，우리 노야，우리 쇼져<17xx 완월회맹연권 17，31a>，우리 대인（大人）<17xx 완월회맹연권 112，15b>等”。

在古代身份等级森严的封建社会，经济上的分配不均使得占有统治地位的人常常成为被尊敬的对象。在古代尊卑意识的影响下，出于尊敬所使用的复数第一人称代词“우리”，凸显了被尊敬对象的统治地位。

二 “우리”的集体概念复数与家国一体化的集团主义

韩国古代文献中，借用汉字自称代词平称“我”，东汉许慎《说文解字·我部》指出：“我，古杀字。”李孝定《甲骨文字集释》认为：“契文‘我’像兵器之形，以其秘似戈，故与‘戈’同，非‘从戈’也。”按照字义发展的规律，“我”的最初意义当是兵器、武器，又引申出“持戈守禾”，“武装守土”以及“杀伐之意”，后来本义和引申义逐渐消失，假借为“施身自谓”的自称代词。汉语“我”在殷商共同语中，只指称复数，这种复数概念究其原因主要与“我”的基本义、引申义和中国古代强烈的群体意识和归依感有很密切的关系。[①] 商朝建立后，商王十分重视团结并维护其族众的利益和特权。所谓“神不放非类，民不祭非族”（《左传·禧公十年》）。甲骨卜辞中载有商王每当率族众出征之前，就要召集其族众在先王宗庙里举行告祭。《尚书·盘庚》记述商王盘庚在迁都时召集族众于庭，商议迁都大事，并向其族众晓以利害，可见商王对族众的意愿和利益是重视的。相反，商王对非其族类者则往往肆意进行屠杀或奴役，对羌人尤甚。[②] 这种行为是集团意识的集中体现，即为了维护本集团的利益，极力地反对他集团。周代文献中出现的自称代词“我”中，这种集团意识也尤为明显。例如：帝曰：“我其试哉？女于时，观厥刑于二女。”此句出自《尚书·虞书·尧典》。意思是，尧说：“我们应该对他（舜）进行考察。（正好我的）女儿到了该出嫁的时候，看看这小伙子用什么方法（刑：法）对待她们。”汉语“我”在早期文献中的含义是“我们”。甚至到了民国时期，“我”仍被用于正式的书面语来表示复数：“然弭谤莫如自修，人讥我腐败而我不腐败，问心无愧，于我何损？”这是1917年蔡元培先生《就任北京大学校长之演说》中的句子，其中的“我”并不是指蔡先生本人，而是指在场的、包括蔡先生本人在内的所有北大人。韩国古代文献中“我”作为复数出现的表现形式不少。金容汉（1992）指出《三国史记》中“我”用作复数的情况有34次，既可以解释为单数又可以解释为复数的有29次。[③] 表示复数时，具体如下：

（1）高宗皇帝遣英國公李勣，帥師伐高句麗，又遣仁問徵兵

① 陈翠珠：《汉语人称代词考论》，博士学位论文，华中师范大学，2010年，第26页。

② 张诚：《略论殷商时代的社会意识》，《河南师范大学学报》1991年第3期。

③ 金容汉，“《三国史记》列传의 代名词研究（1）-人称代名词를 中心으로”岭南汉文学，第四辑，1992.“我”单数和复数区分不明显可能是因为当时的语言习惯中单数和复数的概念不明显。

於我《卷第44，列传第4,(김인문)》

(2) 漢玄菟郡太守耿臨發大兵欲攻我《卷第45，列传第5(명림답부)》

(3) 沙梁伐國舊屬我《卷第45，列传第5(석우로)》

以上例句中“我”分别表示“我方”“我军”“我国”。这与“我”的语源关系相联系，体现了战场中“我”与“你”针锋相对时的群体意识。与此相联系，韩文早期谚解文中出现的第一人称复数“우리”，如：“우리 宗廟 <1474 내훈언해 1：75a>，우리 小國 <1695 서전언해 4：41b>，우리 國家 <1695 서전언해 5：22b>，우리 王國<1695 서전언해 5：24a>，우리 邊境<1721 오륜전비언해 7：15b>，우리 셩됴(聖朝) <1760 무목왕경튱녹，121>，우리 朝鮮 <1765 박통사신석언해 2：08b>”这些表示国家和王朝的集体名词与“우리”一起使用，“우리”通常泛指整个国家的子民。

在家国一体化的封建宗法制度下，家是国的缩影，用“우리+亲属称谓”形式来指称家庭成员的实例也屡见不鲜。如指称自己的父母时为“우리父母<1447 석보상，06：007a>”；指称自己的父亲时为“우리 아바니미<1459 월인석보 20：65a>，우리 아비<1459 월인석보 20：76b>，우리아바님<1474 내훈언해 2：106a>，우리 丈<1481 두사언해(초간) 8：3b>，우리 아자비<1481 두사언해(초간) 8：62a>”；称呼自己的母亲时为“우리 어마니미<1459 월인석보 20：77a>”；指称哥哥时为“우리兄<1481 두사언해(초간) 8：27b>”；指称自己的“孙子”时为“우리 孫子 <1481 두사언해(초간) 8：33b>”；指称自己的丈夫时为“우리 남편<1713 악학습령，1069>”；指称自己的舅舅时为“우리 母舅<1721 오륜전비언해 2：34b>”。除此之外，称呼家庭成员的实例还有“우리 婆婆<1721 오륜전비언해 4：3b>，우리 姐姐 1721 오륜전비언해 2：40a>，우리 嬸嬸<1721 오륜전비언해 4：9b>，우리 官人<1721 오륜전비언해 6：3a，우리 夫主<1721 오륜전비언해 6：

8a>，우리 家公<1721 오륜전비언해 6：19b>，우리 母親<1721 오륜전비언해 6：33b>，우리 큰 형<1721 오륜전비언해 8：40a>”。以上实例中的“우리”是“우리집（我们家）”的意思，该意义在以下例子中能够得到证实，如“우리집 兄弟< 1721 오륜전비언해 1：54b>，우리집 秀才 <1721 오륜전비언해 2：32a>，우리집 爺孃 <1721 오륜전비언해 2：35b>，우리집 親事，우리집 三哥 <1721 오륜전비언해 3：33b>，우리집 祖婆 <1721 오륜전비언해 7：13a>，우리 집 小相公<1721 오륜전비언해 8：32a>，우리 집 老奶奶 <1721 오륜전비언해 8：42b>，우리집 姐姐<1721 오륜전비언해 2：40a>”。

韩国亲属体系在朝鲜王朝中期（17 世纪中叶）以前的情况是母系或妻系与父系同样重要，但在朝鲜中期以后，以非父系性特点为基础的韩国亲属体系，在引进中国先进的文化制度历程中，逐步吸收了只强调父系亲属且强化这种关系的直系主义原理。这种关系原理到了 17 世纪后半期，全盘代替了韩国固有的亲属体系运用原理——非父系原理。因此，“우리”的使用范围扩大。如“우리 相公 <1765 박통사신석언해 3：56a>，우리 부친（父亲）<1785 계해반정록，28b >，우리 父母와 伯父 伯母와 叔父 叔母와 姉妹와，姐夫<1790 몽어노걸대 5：5b>”等。汉语谦称自己家族成员时常常使用谦语素“家”，这在 18 世纪的韩国谚文中也得到了充分的体现，如“가모（家母）<17xx 완월회맹연권 16，16a>，쳡의 가부（家夫）<1784 완월회맹연권 17，31a>，가군（家君）<17xx 완월회맹연권 2，9a>，가돈（家豚）<17xx 완월회맹연권 2，8a>，가군（家君）<17xx 완월회맹연권 2，9a>，가아（家兒）<17xx 완월회맹연권 2，6b>，가엄（家嚴）<17xx 완월회맹연권 25，21b>，가형（家兄）<17xx 완월회맹연권 35，31b>，가부（家夫家長）<1895 국한회어，3>，가쳐（家妻），가친（家親）<1895 국한회어，4>”。谦语素“家”的实体概念可以指房子，抽象概念

可以指家人即家庭成员。在使用的过程中逐渐被表示复数概念的自谦表现形式“저희”所取代，“저희”在许多字典中被解释为“우리”的谦语形式。因此可推知“저희 어머니，저희 아버지，저희 할머니”中“저희”的内涵与“우리집”意思似乎可以对等，语用上的表谦可以和汉语自谦语素“家”相对应，因此以上的三个词例翻译成汉语为“家母”“家父”“家祖母”。

这种集体概念后来语义扩大到表示集体的单位，如：“우리 王宫<1459 월인석，08，100b>，우리 家門<1447 석보상절 3：12a>，우리 店<1790 몽어노걸대 4：17a>，우리 地獄門 <1459 월인석보 23：82a>，우리 山寨<1721 오륜전비언해 6：11b>，우리 營 <1721 오륜전비언해 7：32a>，우리 鄉里 <1737 여사서 4：59a>，우리 舘所 <1790 인어대방，4：3a>”。从朝鲜时期的关于“우리”的谚文词例来看，韩国语“우리”的语义与古汉语中表示复数概念的“我”语义指向十分相似，但是，随着社会的发展，语言也在发生变化。汉语殷商时期只能指称复数的第一人称代词“我”到西周时，突破了这一限制，既可指称复数又能指称单数，但表单数的相对少得多。六朝以后，随着复数标记的逐步完善，“我”逐渐由可表单、复数转变为只表单数，只有在正式书面用语中或习用某些固定结构时才表复数了。① 现如今汉语第一人称复数概念常常用“我们”表示。从韩国古代文献中记载的情况上来看，韩国语第一人称代词“우리”产生之前，第一人称代词复数形式主要借用汉语的第一人称代词“我”。从历史层面分析韩国语第一人称代词“우리”，可得知韩国语“우리”和汉语第一人称代词“我”有着渊源的关系，其文化背景和中国的儒家文化、宗教文化有着千丝万缕的联系。仅就韩文创制初期的谚文而言，初期主要是谚解中国的佛家经典，其后渐渐以儒家经

① 陈翠珠：《汉语人称代词考论》，博士学位论文，华中师范大学，2010 年，第 29 页。

典为主。[1] 因此，汉文中的人称代词对“우리”的影响是深远的。现如今，汉语中除了一些固有结构，如“我国”“我党”“我军”“我校”“我公司”“人不犯我，我不犯人”等实例中的“我”可以和韩国语“우리”的表示复数概念对应起来外，汉语中当向别人介绍自己的家族成员时，指称语中所使用的“我爸、我妈、我爷爷、我奶奶”等中的“我”已不再表示复数，而表单数，常常和韩国语“내，제”对应。

在漫漫历史发展的进程中，从汉语自称代词“我”的借用到韩文“우리”的使用，“우리”和汉语平称自称代词“我”的渊源关系，不辨自明。在世人眼中，韩国常常被称为是“拿来主义国家”，就是善于借用别国的精华，然后将其加以改造，变成自己的民族特色。韩国语中的许多汉字词就是韩国语借用中国的汉字，然后将其加以改造变成了与汉语不同的同形异义或异形同义词。韩国语中的外来词，也是借用英语的词汇然后根据本国的发音和音变规律加以改造，变成本民族的英语外来词。这都是韩国“拿来主义”的具体表现。韩国是一个以兼容并蓄著称的国家，在包容外来文化的同时，并不失民族本色。许多外来宗教文化传入韩国后，虽然对韩国所固有的民族传统文化带来了一定程度的冲击，但在国民的竭力保护下，传统文化仍得以传承和发展。例如“우리”一词所蕴含的传统儒家“天人合一”思想，通过每年举行大大小小的祭祀活动及乡校举办的儒家文化体验活动得以继承和发展。韩国又是一个民族认同感极强的单一民族国家。足球队中的红魔精神，家族企业中的集体主义无不体现了韩民族的“集团精神”。“天人合一”思想感召下的韩民族之魂“自主性、创造性、协同性、和平性、抵抗性”在“우리”一词的语用中得以体现，该词与中国传统

---

① 김슬옹，조선시대의 훈민정음발달사，도서출판，2012：133 연，135 연.

儒家文化有着割不断的“情缘”，在本民族文化推动的外力和语言（敬语法）制约的内力作用下，始终不失民族本色，体现着韩民族的“团结、集体主义感强、彬彬有礼、勇于创新”的精神，恪守着本民族的“魂”。

第四章

韩国语敬语词传承过程中的儒文化因素

——以韩国语敬语词“两班”和“先生”为例

第一节　现代韩国语敬语词使用现状分析

一　汉源汉字敬语词的使用现状

（一）称谓敬语词

金青龙(2007) 对韩国《标准国语大辞典》的敬语词进行了统计得出韩国语敬语词有 1022 个左右。其中表敬敬语词有 810 个，表谦敬语词有 212 个。这些敬语词在历史变迁中，大部分敬语词随着其所赖以生存的社会制度、文化环境的消失，而被历史所淘汰。有的敬语词虽然现在还在使用，但是多出现在书面语中，口语已经不再使用。本节对高丽大学统计出的现代韩国语常用词汇表进行统计调查，并对其在书面语和口语中使用的频率和状况予以分析。在以下实例的统计分析中，“→”右边的数字表示该敬语词的使用频度。如：

1. 标记性“敬、谦语素+词根”型称谓敬语词

고（高）—고승 02（高僧）→ 33

귀（贵）— 귀부인 02（婦人）→ 1　귀빈（贵宾）→ 8

대（大）— 대작가（大作家）→ 1，대장 04（大將）→ 10，대장군（大將軍）→ 3

대졸 01（大卒）→ 8，대졸자（大卒者）→ 3，대종 02（大宗）→ 3，대지휘자（大指揮者）→ 1，대참사（大慘事）→ 1，대장부（大丈夫）→ 9，대통령（大統領）→ 1273，대인 01（大人）→ 2，대왕 大王→ 52，대선배 大先輩→ 2，대소설가（大小說家）→ 1，대원수（大元帥）→ 2

노（老）— 노신사（老紳士）→ 1，노인장（老人丈）→ 1，노교수（老教授）→ 4，노구 05（老軀）→ 1，노대감（老大監）—1，노대감마님（老大監）→ 1，노형（老兄）→ 6，노시인（老詩人）→ 1

하인 01（下人）→ 19，소인 01（小人）→ 5，소자 02（小子）→ 2

2. 非标记性称谓敬语词

당신 02（當身）→ 406，선생 01（先生）→ 878，부인 01（夫人）→ 140，여사 04（女史）→ 74，부친（父親）→ 31，영감 01（令監）→ 27，모친（母親）→ 10，자당 03（慈堂）→ 1

본인（本人）→ 1，각하 05（閣下）→ 10，귀하（貴下）→ 4

（二）名词敬语词

1. 标记性“敬、谦语素+词根”型敬语词

귀（貴）—귀빈관（貴賓館）→ 1

존（尊）—존칭（尊稱）→ 2，존호（尊號）→ 1，존화（尊華）→ 1 졸고（拙稿）→ 2

고（高）—고견 02 高見→ 2，고명 01（高明）→ 3

2. 非标记性名词敬语词

춘추 01（春秋）→ 1，병환 02（病患）→ 4，서거（逝去）→ 1，성함（姓銜）→ 6，함자 02（銜字）→ 1，명함（名銜）→ 16，생신 02（生辰）→ 11

탄생일（誕生日）→3，탄생（誕生）→50，치아 02（齒牙）→38，연세 02（年歲）→8，약주 03（藥酒）→2，진지 01（饭）→8，배려 02（配慮）→42

随着社会的变迁，社会制度的变更，一些反映当时历史文化背景的敬语词已经被历史淘汰。现代韩国语常用词汇表中，带敬、谦语素的敬语词已经很少使用。即使是使用频度较高的敬语词诸如“대통령（大统领）、탄생（誕生）”等也大多出现在报纸、杂志中，口语中很少使用。其他带敬谦语素的敬语词使用频率则更低，且多仅限于书面语。

二　固有词的使用现状

（一）称谓语

형님（兄）→175，아버님（父亲）→73，어머님（母亲）→72，서방님（书房）→20，할머님（奶奶）→5，할아버님（爷爷）→4，아드님（儿子）→4，따님（女儿）→3

아우님（弟弟）→1，선생님（先生）→951，여선생님（女先生）→6，주인님（主人）→4，아주버님（大嫂）→4，사모님（師母）→30，영감님（令监）→13，새댁（宅）→17，노대감마님（老大監）→1，오라버니（哥哥）→15，아저씨（大叔）→351，아주머니（大婶）→129，아가씨（姑娘）→87，손님（客人）→250

（二）人称代词

저희 01（我们）→185，본인（本人）→1，저 03（我）→2281，여러분（大家）→178，자네 01（你）→142，이자 02（我）→1，어르신（老人家）→7，그자 02（-者）→5，저자 02（-者）→2，이이 01（这位）→1，그이 01（那位）→100，저이 01（那位）→2，이분 01（这位）→19，그분（那位）→78，저분 01（那位）→14，자신 01（自身）→1799，자기 04（自

己）→ 1281

（三）动词

1. 标记性

기도드리다（祈禱）→ 3，말씀드리다（稟告）→ 64，문안드리다（問安）→ 4，보고드리다（報告）→ 1，부탁드리다（付託）→ 7，사과드리다（謝過）→ 1，상의드리다（詳議）→ 1

2. 非标记性

주무시다（休息）→ 31，계시다（在）→ 197，올리다 01（呈递）→ 436，서거하다（逝去）→ 1，모시다（奉陪）→ 167，여쭈다（稟告）→ 34

여쭙다（稟告）→ 4，뵙다（拜见）→ 41，아뢰다（稟告）→ 5，보살피다（抬爱）→ 35

（四）形容词

의젓하다（稳重）→ 15，편찮다（便）→ 11，시장하다 01（饿）→ 7，사랑스럽다（可爱）→ 22

（五）副词

친히（親）→ 3，손수 01（亲自）→ 18，아무쪼록（千万）→ 4，삼가 01（谨）→ 1，그래 01（对）→ 589，아무렴（当然）→ 5，글쎄 01（是）→ 111，천만 01（千萬）→ 3

三　现代韩国语敬语词的使用现状分析

（一）汉语对韩国语的影响及韩国固有历史传统文化的变迁

韩国语敬语词在其语言发展过程中，由于其所赖以生存的文化和社会制度的消失，一些敬语词在逐渐萎缩。原因如下：

首先，皇室制度的消亡及皇室敬谦称消失。自大韩民国成立以后，皇室敬谦称就开始衰弱。例如“마누라”是体现韩国固有民族文化的敬语词，最早用于奴婢对主人的尊称如“上监마노라”“坤殿마노라”“大妃마노라”“大殿마노라”“先王마노라”“内殿

마노라”，被用作对王的直系和嫔妃的尊称。李朝时代对上流的妇人尊称为“마노라님”。后来，缩略称为“마님”。此外“마마（妈妈）”也被用作宫中专用敬称表达形式如“大殿마마，상감（对王的尊称）”，“大妃마마，慈殿마마，웃전마마（对王大妃的尊敬）”，“中殿마마，坤殿마마，内殿마마（对王妃的尊敬）”，“东宫마마，世子마마，东마마（对世子的尊敬）”，“嫔宫마마，世子妃마마（对世子妃的尊敬）”等。称呼公主时为“公主마마”或者“자게，翁主”等。此外，相关宫廷敬语还有“龙袍（对王衣的尊称）”，“圣旨（对王令的尊称）”，“大阙、宫殿、宫廷、宫（对王宫的尊称）”，“外殿、东温突（对王的寝房的尊称）”，“内殿（对王妃房的尊称）”，“龙颜（对王的脸的尊称）”，“수라（对王的食事的尊称）”。[①] 关于国王“死”的敬语词有“만세후（万岁后）”“선어（仙驭）”。[②] 随着社会的发展，皇室制度的消失，以上尊称形式逐渐被历史所淘汰。当代国际社会中，国体和政体多样化，如既有社会主义国家的人民代表大会制、共和国的民主共和制（内阁制和总统制），又有君主国的君主立宪制、君主共和制。在外交活动中一贯尊重各国国体和政体的适用称呼和国际通用称呼，如“皇帝、天皇、国王、女王、王后、太子、公主、亲王、首相、大臣、陛下、殿下、阁下、公爵、总统阁下、总理阁下、大使阁下、太子殿下”等敬语词随着各国国体和政体的变革也几乎退出历史舞台。受汉语的影响，韩国语中的汉源汉字尊称敬语词“전하（殿下）、각하（阁下）、족하（足下）、지사（执事）、아형（雅兄）、사형（词兄）、궤하（机下）、안하（案下）”等词汇也渐渐消失。

其次，社会制度的变迁及具体职官职位的消失。在封建等级社会中，韩国政府组织就已获得高度发展，职官的设置细致周全，

① 金钟埙、金泰琨、朴英燮：《隐语 卑俗语 职业语》，集文堂 1985 年版，第 77—83 页。

② 김홍석，은어와 우리말의 세계，글누림출판사，2011：264 연.

名目繁多。如，韩国的判事、判书、参判、参奉、宰相、生员、进士、大监、나으리、吏房、座首、使道、署长、将校、进赐等官位官职在社会制度变迁的过程中消亡，被新制度制约下的官职称谓敬语所取代。与此同时，尊称形式“××서방”“××도령”“××총각”和祭祀时祝文中的尊称形式“××学生（학생）”也随着西方文化的侵入，日渐消失。这些称谓的变化，其根源在于韩国儒家文化的变迁及儒文化意识形态的变化。第一，官本位思想的变化。职官，与个人的身份地位、经济状况等均有直接关系，地位显赫、掌握着普通百姓生杀大权的执政者们发展成为社会的中心，在使民畏惧的同时又得人尊奉，官本位思想于是悄然滋生。近现代社会以来，虽然韩国的职官制度发生了深刻变化，官职没有封建社会那么烦琐，表示官职的称谓语也不多，但是由于封建社会人们传承下来的官本位思想的影响，慕官、求官心理的蔓延，一些社会官职称谓有的还在普遍被使用。第二，随着社会的发展，新旧社会的更替，建立在封建等级制度上的儒家文化意识在社会主义制度下，发生了翻天覆地的变化。身份等级制度、男尊女卑、三从四德思想在自由、民主和女性解放的高呼下，逐渐退出历史舞台。体现身份等级制度的“殿下”“中殿”“小女”“小子”等敬语词和体现一夫多妻制的“令正”“贵如夫人”“贱妾”等，在历史进程中被作为糟粕过滤掉了。但是，封建宗法等级社会所传承下来的官本位观念和地位崇拜现象仍然存在，用于称呼同事关系的称谓语结构受制于这种文化心态，社会强调官位与职务，这就使得人们在交际时普遍喜欢称呼对方的职务或职称，甚至一些没有任何职务的人也会被称为领导或某某长。哪怕只是个七品芝麻官，也希望人们在姓氏之后带上职务来称呼他。与之相应，已退休多年的人仍被呼以旧职务，副职被呼为正职也就不足为怪了。

最后，现代化、国际化及语言的简洁化和潮流化。随着韩国社会经济的发展，祖孙几代合住的大家庭逐渐向“核心家庭”过渡。传统家庭中的“七大姑八大姨”的亲属关系现象已经罕见，亲属敬谦称也趋于简化。随着西方文化的传入，一些人为了赶时代潮流，在语言交际中，不再使用那些所谓的带有古语色彩的亲属敬语称谓，如“家父、家母、家严、家慈、家姊、家兄、尊大人、尊府、尊堂、令尊、令慈、令孙、贤侄、贤婿、小女、小儿、小侄、小孙、舍弟、令堂、令郎、公子、令爱、令嫒、舍妹”，取而代之的是一些英语词汇。

在中韩跨文化交流的过程中，随着时代的演进，韩国语中的部分汉字借用词汇，产生了诸多变化，原意不是被舍弃了就是被引申义或新词所取代了，有的甚至完全消失不再存在。还有部分汉字借用词汇和汉语相比，在同义的引申和比喻方面又出现了引申和比喻上的差异。例如“大夫”是中国古代的官职名称，但现在是指医生。而韩国“大夫”则仍是古代的官职名。还有“公主”这词在借用之初，本来是指诸侯或帝王的女儿。可现在指普通人家的女儿或讽刺以公主自居的人。“内外”在韩国语中隐喻丈夫和妻子，而在汉语中则没有发生这样的隐喻。以上韩国语与中国汉字词受社会历史变化，社会成员的心理特征、思维习惯，社会环境等因素的制约，在语体、感情色彩、词性、义项和词素方面产生了不同程度的差异。

（二）韩国语固有社会政策制度的影响

韩国语的敬语词不只是由汉源汉字敬语词构成，还包括民族本土化的汉字敬语词和韩国固有词汇。为了弘扬韩民族文化，统治者主观上弃用汉字启用韩文，遏制汉字词的使用，普及韩国固有词汇，最明显的就是针对汉字所颁布的政策。现在韩国使用的汉字词，大部分是从中国借用后经历了汉字的并用期、部分混用期、排斥汉字期、汉字部分并用期和汉字废弃期。

1. 汉字并用期（1945 年—1964 年 8 月）

1948 年 10 月 9 日，《韩文专用法》颁布，并指出：“大韩民国的公务文件一律使用韩文，但在一段必要的时期内可并用汉字。”

1949 年，允许韩、汉字并用。

1951 年 9 月，文教部公布了常用汉字 1000 字，并将这 1000 字放在括号内作为教育用汉字，由教师在 4 年级以上的课堂上教授。

1953 年 4 月，李承晚大总统通过了国会议案，在小学停止汉字教育，只在初中和高中国语科目以外教一些常用的生活汉字，强调韩文专用。

1958 年，文教部《韩文专用实践纲要》实施，从而迅速实现了表面上的韩文专用。

1961 年 12 月初，政府声明：“加强《韩文专用法》，从 1962 年 3 月起在报纸、杂志以及所有的发行刊物中实行韩文专用。”

在朴正熙时代，全面废止了小学和初中的汉字教育，又提出和颁布了《促进韩文专用 7 个事项》和《韩文专用企划案》。不仅去掉了必要时在括号中加注汉字的规定，而且在国内的公共机关也全面禁止使用汉字。但由于在 51 万多韩文单词中，60%—70% 的单词是纯汉字或混杂着汉字的单词。如果不能准确地理解汉字，韩国人连本民族的语言也难以理解透彻。虽然汉字并不等同于汉语，但多少年来，汉字已经融入了韩国的语言文字中，强行阻止学习汉字反而妨碍了韩国民族语言的进一步发展。韩文专用论者和韩汉混用论者之间针锋相对的争论导致终究没能出台令人满意的对策，这些直接导致了一度的文字混乱政策。

2. 部分汉字混用期（1964 年 9 月—1970 年 2 月）

1964 年 9 月起，文教部公布了在 1300 字的范围内按照难易程度进行汉字教育。在小学、初中、高中正式讲授汉字。

1965 年 10 月，朴正熙大总统指示：“用韩文完全可以繁荣民族文化，创建教育、爱国的新社会，请专用韩文。”这充分表现了政府坚定的韩文专用立场。这时，学校里的汉字教育遇到了重新整理和简化 1300 个教育用汉字中较复杂的 542 字的问题。

1968 年 5 月国会决议，大总统公布《韩文专用 5 年计划》。

1989 年删除所有教科书中的汉字。小学、初中、高中的课本全部改编成韩文版本。

3. 汉字复活运动期（1970—1975 年）

1970 年，韩国进行了空前的韩文专用的文化改革，要求政府所有的公文一律使用韩文。而在学校，除了文科外，连高中毕业生都没能学到一个汉字，只好鼓励他们在大学学习生活用汉文。

1970 年 11 月 25 日，“韩国语文教育研究会”发表了“敦促恢复汉字教育声明书”，并将其呈报到学术院。其内容包括韩文专用的弊端以及既然汉字词是韩国语的重要组成部分就应实施汉字教育。

1972 年 8 月，文教部确定恢复在初中的汉文教育，并公布了在中学教育用汉字 1800 字。

1974 年 7 月，文教部提出的《关于在初中、高中教科书中并用汉字的方针》中指出：“在国语、国史教科书中并用汉字，从 1976 学年度起扩展到整个教科书中。”

4. 部分汉字并用期（1975 年 3 月至今）

1976 年 9 月，文教部不同意在小学进行汉字教育，并推翻了自己发表的“若可能将从 1976 年起在小学实行汉字教育”的声明，对此社会各界议论纷纷。

1977 年 8 月 18 日，朴正熙大总统指出：“删除和废止现实生活中常用的汉字，这种极端的主张遭到全国各界人士的反对。”“韩文学会”和“韩国语文教育研究会”也宣称为了弘扬和发展韩国固有的民族文化，同时加速民族文化的现代化进程，希望恢复从小学起进行汉字教育并编撰韩汉混用教科书，文字生活只应用韩文进行。

1995年5月，金泳三大总统咨问委员会提出了“为迎接信息化、世界化的到来，在中小学加强汉字教育”的教育改革案。

综上所述，韩国的语文政策缺乏一贯性，以致韩汉混用和韩文专用这两个主张的对立愈演愈烈。从政府关于汉字使用政策上可以看出，汉字的使用和教育总体来说在走下坡路。这也是韩国语汉源汉字敬语词使用度缩小的一个重要原因。

第二节 韩国语敬语词“两班”传承过程中的儒文化因素

称谓是文化和时代的方向标，称谓的变化折射出社会生活、时代背景和人们的心理状态等的变迁。韩国语的亲属称谓“할아버지, 할아버님, 할머니, 할머님, 아저씨, 아버지, 아버님, 어머니, 어머님, 아가씨, 언니, 형, 형님, 아주머니, 아주머님”在历史的变迁中，词义发生了不同程度的泛化。例如韩国语中的“한아비, 할미”的原意是祖父，第一次泛化后的意思是用于称呼和祖父辈分相同的男子，后又用于称呼年龄大的老人。① 高频率社会称谓敬语“당신（当身)”，汉语中最初用于指称“自己”，如“若得天福，其当身乎?”(《国语·周语下》)，意思是“谓及于自身”。该词被借用到韩国语后，韩国语“당신（当身)”16世纪作为第三人称指示代词用于贬义。17世纪用于尊称。从18世纪开始“당신”可以作为第二人称使用。语用过程中“당신”除了可用于夫妇之间，还可以用于男性指称男性或女性指称男性。而女性指称女性的时候通常不使用“당신”。“당신”作为第三人称语义经历

① 赵恒笵，“国语亲族称呼语의 通时的考察（IV）-［祖父］，［祖母］称呼语를中心으로”同德語文論輯 第5輯，1987.

了“［-존칭］→［+극존칭］→［+존칭］”的转变过程。转变成第二人称时，也经历了“［+존칭］→［-존칭］”的转变过程。从指示对象上来看，经历了指称第三人称语义特征到第二人称语义特征的转变，如“［±남성］、［ ±부부］、［ ±연인］”→“［+남성］、［ +부부］、［-연인］”。从使用的主体上来看，经历了从第三人称语义特征到第二人称语义特征的转变，如“［±남성］、［±50］、［±연인］”→“［±남성］、［ +50］、［ ±연인］”。[①] 敬语词缀“님”起源于实词“임금，주인”，其意义最初表示“尊重之人，所爱之人”，具有尊敬的意义。在使用的过程中，意义逐渐虚化成表敬的词缀“님”。除了带有尊敬意义之外，还带有具“亲近感”的爱恋之意，义素特征表现为“［+높임］、［+친밀도］”。[②]

在认知语言学中，词义的非范畴化是指在一定条件下，范畴成员逐渐失去范畴中典型特征的过程，也就是说范畴化了的词语在非范畴化过程中，还有可能失去其原有意义而衍生出特殊含义。我们现在关注的是语言系统中的原有范畴在范畴扩展或者获得新的范畴身份之前，应该经历什么样的过程，在此过程中，会体现出怎样的特征，它对认识的发展有什么意义，这些都是值得我们研究的问题。

从调查、统计的韩国语敬语词的结果来看，汉字称谓敬语频率使用较高的有“선생 01、여사 04、부인 01、당신 02、양반 03”，这些词汇在历史的变迁中其语义经历了怎样的变迁过程值得我们探讨和分析。

王寅（2004）认为，范畴是认知本体对外界事体属性所做的主观概括，是以主客观互动为基础对事体所作的归类。范畴化是人类以主客观互动为出发点，对外界事物进行类属划分的心智过程，是一种基于现实对客观事物所作的主观概念及分类，并以此赋予

① 양영희．송경안，“당신의 변화 양상고찰”，언어과학연구，2009.

② 이광호，의미분석론，도서출판 역락，2009：350 연．

世界以结构的理性活动。

刘润清和刘正光（2004）指出，范畴化的主要作用有“给混沌的世界建立秩序，找出事物的结构关系；实现认识过程中的经济原则”。然而，随着认识的不断深入和丰富，人类认知系统和概念系统会不断产生新的内容，这需要我们改变现有语言中某些相近词汇的词义，从而进行新的范畴。词义在范畴化的过程中可能由于某些因素而丧失其原有范畴特征，可以把这种丧失原有范畴特征的过程称为“非范畴化”。

在认知语言学中，非范畴化是指范畴内的成员在一定条件下逐渐失去范畴中原有某些典型特征而产生不稳定性；是一种思维创新方式，它以现有的语言资源表达说话者想要表达的特定思想内容；是某一范畴成员发生动态变化的结果，凸显了原有概念在认知发展中的作用。其特征可以概括为：语义抽象与泛化是非范畴化的前提；范畴分布特征的消失为范畴成员跨越自己的边界从一个范畴中的实体进入另一个范畴提供了方便，其功能也发生扩展或转移；范畴属性层面，由高范畴属性成员变成低范畴属性成员或发生范畴转移。也就是说范畴化了的词语在非范畴化过程中，还有可能失去其原有意义而衍生出特殊含义。

我们知道，称谓语（包括自称语，对称语和他称语）是对人进行指称的语言形式。称谓敬语的语义以称谓敬语的词义构成即义位构成的方式存在。称谓语的词义的义位构成由于社会认知图式的作用，即作为社会的产物的人在婚姻制度、思想意识形态、所处地位等社会关系的制约下，称谓认知语义也发生相应的变化。“认知语义”是指人脑对信息客体的认识。或者说人脑对信息客体的选择、整合和理解的方式。这种认知语义是个体在与环境不断地相互作用中的一种建构过程，是人们为了应付某一特定情境而产生的认知结构。该认知结构由一般认知图式和社会认知图式构成。两者相互联系，相互渗透，不可截然分开，前者侧重于对象的自然属性，后者则侧重于对象的社会属性。社会属性就是指社会关系，而社会关系又要受到社会文化的制约，使得社会关系极具主观性，因此，包括社会解释的社会认知会因人或人群而异。认知语义其实就是对某类事物概念而言的认知结构，专名称谓一般都无认知结构，而类名称谓才有对应的称谓认知结构。称谓认知结构以称谓语的义位构成方式而存在，这种认知结构实质上就是一种语义图式。这种语义图式是作为社会产物的人在社会制度、思想意识形态、所处地位等社会关系的制约下对某一概念的一种认知，这种认知在不同的历史阶段会表现出怎样的特征，它对认识的发展有什么意义，这些都是值得我们研究的问题。本节以韩国语称谓敬语“两班”为例，就以上问题展开讨论。

一　韩国建国前“两班”词义的非范畴化特征

“两班”称谓从高丽时期（918—1392 年）就已存在，高丽王朝时期打破了受血缘关系制约的骨品制，采纳中国唐朝时期的文、武散阶政治体制，将文官和武官区分为两个班列即文班和武班。高丽 976 年开始实行田柴科，将所有的官职根据公服的颜色如丹衫、绯衫、绿衫区分官职的业务，依据官职的大小分配田柴。因此，高丽始初的“两班”通常指称在位的两班官吏即有文武官之正职或任宫中内僚职的人等。文、武两班散阶中，文班主掌政治，武班主掌军事，两班各行其职，在均衡和不均衡的政治偏见和调和中发展。其语义就表现为【+身份，+官职，+等级，+地位，+男性，+尊称】。①

① 정함은 이때부터 양반 계열에 참가하게 되었고 왕의 총애와 권세가 나날이 성하여 갔다. 그는 조정에 친척과 도당들을 끌어들였으며 관노（官奴）왕광취（王光就）와 백자단（白子端）을 우익으로 삼아서 왕의 이목을 가리고 사실을 날조하여 참소함으로써 조정 신하들을 굴욕 학대하였으며 백성들의 재물을 약탈하였다. 그제는 재상이나 대간도 세력에 눌리고 위협에 겁이 나서 입을 다물고 말하지 않았다.《고려사》제 122 권 - 열전 제 35 환자.

高丽末期，由于两班官吏的子孙及其家门也享受诸多特权和便利，且以家门血统直接获得官职的荫叙制和特殊的科举准备教育机关——私学的产生，两班家门越来越成为两班队伍的主要来源，加上两班家门又通过和王室及两班相互间封闭的婚姻关系逐渐成长为门阀贵族势力。① 这一时期，两班从最初的单指文武两班官人的官职概念发展到指称两班及其家门的贵族身份的概念。这些在高丽时期形成的功臣豪族、门阀贵族、权门贵族主要是依仗有形官职获取其在社会上的身份地位。其语义特征可以概括为【+身份，+官职，+等级，+地位，+尊称】。其中，“两班”所具有的语义特征中，“［+身份］”这一语义特征尤为凸显。高丽时期，两班还可以被称作“士大夫、士族、士类、士林”，文班4品以上的官员称为“大夫”，文官5品以下的官员称为“士”或者“郎官”，高丽时期“两班”不仅指称文官也可以指称武官。

朝鲜王朝创立时期（1392年），两班的支配由地方中小地主中的品官层和乡吏层组成。朝鲜时期，品官层通常被视为两班层，乡吏层被视为中人层。朝鲜两班从一开始就从制度上将两班之“官”与“职”做了区别，对乡吏、技术官、庶孽等下级统治身份进行了降格，突出了两班作为最高统治身份在政治、经济、文化上的特殊内涵。这在《春香传》的例句中有所体现。如“감사，부사，군수，현감，관장님네 세도가 엄지발가락 두뼘 가웃씩이나 되는 량반들이”② 例句中“两班”，主要指称“감사（监事）”“부사（副使）”“군수（郡守）”“현감（玄监）”“관장（官长）”等具有官职的人。在金字塔式等级森严的朝鲜社会，两班

① 그는 양반의 가문에서 생장하였으나 부귀로써 사람에게 교만하지 않았으므로 그를 존경하는 사람들이 많았다. 그래서 정중부（鄭仲夫）의 난리（亂）에도 능히 무사하였으나 만년에 첩（妾）들에게 침혹하여 집안을 다스리지 못한 탓으로 그가 죽자마자 그 집안 여러 조카와 손자들이 재산을 다투어 서로 송사질하게 되니 당시의 공론이 그를 나쁘게 여기었다.《고려사》제95권 - 열전 제8.

② 조령춘. 춘향전, 문예출판사 조선고전문학선집（제30권），2000：31연.

位于塔尖地位，中间层是平民阶层包括良民、常人、常民、庶民等；最低层是贱民阶层主要包括奴婢、巫堂、广大、娼妓、白丁、津尺等。① 朝鲜两班作为贵族的代称同时占据着社会政治文化各方面的高层位置，拥有许多特权，包括官僚职位独占权，教育独享权，土地霸占权，免税权和免役权。这些特权将两班所体现的【+身份】等级推向了极致。为了彰显两班高身份、高地位，朝鲜王朝实行了身份世袭制，同阶层内通婚等制度，限制两班人数的过度增长。

朝鲜初期，文武两班力量失衡，以文班为主导。因此，高丽时期代称文、武两班的“士大夫”，朝鲜时期，主要指称“信奉朱子学，专研儒学的文班官僚”。这些士大夫出身于两班贵族阶级，精通六经中的一经，六艺中的一艺。同时还必须遵守道理和家法。士大夫中，“士”被区分成为“上士，中士，下士”，“大夫”被区分成为“公和卿”。士大夫的族亲可以被称为“士大夫之族”简称“士族”。② 该称谓在朝鲜时期曾一度成为“两班”的代名词，并与“两班”并驾齐驱。但从概念的外延上来看，两班已不限于文武九品官，凡有资格位列仕官身份者，都被列入“两班”之列。而“士族”通常只用于指称“后者”。和士族异形同义的还有“士类”“士林”，但其所指的两班层的概念指称范围大小有所不同，依次表现为“士林<士类<士族<两班”。③

---

① 王慧：《〈春香传〉的文化人类学解读》，博士学位论文，中央民族大学，2007 年，第 19 页。

② “양반의 집은 모두 사족（士族）이므로 비록 행랑（行廊）이라고 하더라도 역시 한 집안의 안인데，만약 관차（官差）가 사연이 없이 뛰어들어와서 수색하면 사족（士族）을 대우하는 체통에 어긋남이 있을 것입니다. 더구나 사실이 없는데도 수색을 당하면 남이 보고 듣는 데에 부끄러움이 있을 것이니，옳지 못할 듯합니다. 만약 드러나게 의심스러울 만한 원인이 있거나 또는 다른 사람을 통해서 지적하여 고한 것이라면 수색하지 않을 수 없습니다.”《고려사》성종 15 년 (1484).

③ 한국학중앙연구원. 한국민족문화대백과사전［韓國民族文化大百科事典］，1991 년，(http：//naver. com) .

随着以科举制为核心的官僚体制的完善和朱子学的传入及发展，朝鲜两班以法定的社会政治身份为基础，为了政治秩序和权力合法化，大力推行朱子学，这样一来，推崇朱子学的一批学者在政治权力的支持下，一方面从政治上解除了高丽佛教的精神统驭能力；另一方面又从政治、思想、理论上将朱子学全面推向了社会文化的中心。在这种社会背景下，朱子学的价值体系正好成为有闲阶级的两班维持社会统治身份的有力工具和实现自身价值的精神食粮。读《四书》，学《五经》，应试科举，成为有闲两班主要的生活内容和毕生追求。为了彰显自己区别于良人、贱人的尊贵阶层、统治阶层的身份待遇，两班阶层不再把读书看作做官的外在形式，而是将读书看作内在修养及理念追求的价值体现。朝鲜两班曾被一度视作“职业读书人”。他们疏离政治，专研道学、儒学，注重人性的心性陶冶。其语义特征表现为【+儒学教养，+官职，+等级，+地位，+男性，+尊称】。其中，【+儒学教养】义素特征尤为凸显。这在《两班传》和《春香传》中也有所体现。其中，朴趾源的《两班传》中是这样阐述两班的：“读书曰士，从政曰大夫，有德为君子。”① 注重德行的修养成为两班典型形象之一。《春香传》中的主人公李道令也是该时期一个典型的两班形象：以追求功名为目的，以科举考试为外在形式，以儒家经典为理念。韩国语“两班”作为普通名词独立使用，一般用于指称具有某些同类特征的人。但是，依据朝鲜编年体史书《朝鲜王朝实录》中关于“两班”的具体实例，还发现朝鲜14—17世纪左右，出现了与“两班”复合而成的合成词。具体如表4-1所示：

① 林宪道：《朝鲜时代汉文小说》，集文堂1980年版，第138页。

表 4-1　《朝鲜王朝实录》太祖—哲宗（1392—1863 年）①

"两班"表现特征	具体表现实例	"两班"词汇意义分析
官职+양반(两班)	일수양반（日守两班）태조 7 년（1398），문무 양반（文武两班）태종 9 년（1409）	【+身份，+官职，+等级，+地位，+男性，+尊称】
形容词+ 양반（两班）	대소 양반（大小两班）태종 12 년（1412），세종 23 년（1441）	
名词+ 양반（两班）	외방 양반 종종 11 년（1516） 주인양반（外屋两班）（主人两班）중종 17 년（1522）	
指示代词+ 양반（两班）	우리를 살린 양반은 이 양반이라. 세종 27 년（1445）	
양반（两班）+普通名词	양반 자제（两班子弟），태조 7 년（1398），양반 부녀（两班妇女）성종 2 년（1471），양반 남아（两班男儿）중종 25 년（1530），양반집（两班家）현종 13 년（1672） 양반 도례（两班徒隶）태조 7 년（1398）	【+身份，+官职，+等级，+地位，±男性，+尊称】

以上复合词中，有一个共同的特征，就是"两班"被归属于敬语词，能产性不强。17 世纪以来，朝鲜两班中出现了大家（专政的两班）、世家（专政的两班）、乡班（地方两班）、残班（没落两班）等各种势力的区分。该势力群中，真正掌握特权的是专政两班。地方两班具有一定的特权。残班虽然仍保持有两班的身份，但已经丧失了所有特权，其实际地位与农民相类似。两班这四种势力群的划分给人的错觉是两班的数目急剧增长。但是，此时的两班的语义已经开始泛化，并不全指为享有地位、身份、财富之人。根据《朝鲜王朝实录》中记载，"两班"的语义特征可以概括

① 국사편찬위원회와 서울시스템이 제작한 국역 조선왕조실록 CD.

为“［+男性］”。①

18世纪中后期到日本侵略时期（1910—1945年），实学者为解决两班社会激化的矛盾，主张将两班转换成为职业知识人。此时的两班注重的不是空理空谈，而是注重研究实用性的科学知识、实证的学问，注重开发对社会改革有益的各种知识，完成了从朝鲜时代的注重封建礼学、朱子学等伦理观念的知识人到实用性知识人的转变。政府为了增加财政收入，缓解财政危机，也实行了纳粟策以及空名帖。平民可以用金钱购买到两班身份，有的伪造族谱（假两班）。这种门槛的放低使得官职的获得变得更加容易。因此，两班贵族身上原有的神秘色彩逐渐淡化，并且平民阶层开始意识到身份解放的意义，开始要求更多的权利，同时平民阶层作为两班登上舞台。这使得两班人数急剧增加多达70%左右，两班阶层的数量更为过剩。此时，“两班”已经不再有任何政治上的意义。两班的尊称色彩开始退潮，出现了个别的对等人称如“조선 양반（两班）영조42년（1766）”，“모성 양반（某姓两班）정조1년（1777）”。从此“两班”的儒学形象大打折扣。②

① ㄱ:“백성은 다 소속된 곳이 있는데，중간에 양반이라고 칭하면서 신역（身役）이 없이 한가롭게 노니，신의 생각으로는 획일적으로 신역을 정하는 것만 못하겠습니다.” 인조2년（1624）《조선왕조실록》 ㄴ：하니，임금이 모두 옳게 여겼다. 이때의 군제（軍制）가 날로 문란하여 명색이 양민（良民）이 되는 자는 온 집안이 군역（軍役）에 충당되고，양반（兩班）을 탁칭（托稱）하면 온 족속이 한가롭게 놀아서 교안（校案）과 군적（軍籍）의 괴롭고 헐함이 현격하게 달라서 모록（冒錄）의 무리가 강석（講席）을 보기를 죽음의 땅에 나아가는 것같이 하였다. 숙종10년（1684）《조선왕조실록》 ㄷ：양반（兩班）으로 유업（儒業）을 일삼지 않거나 중인（中人）과 서얼（庶）로 한가하게 노는 자 중에서 무재（武才）가 있는 자를 가려 숫자를 채워 시재（試才）하고，시상（施賞）하는 일을 한결같이 관서（關西）의 절목（節目）에 의거하여 거행하게 하소서. 숙종44년（1718）-《조선왕조실록》.

② 이 또한 염려스러운 일입니다. 무신년의 역변（逆變）때 역적이양반들에게서 많이 나왔으므로 문득 상한（常漢）들이 양반을 후욕（辱）하는 구실로 삼았습니다. 영조14년（1738）《조선왕조실록》.

二　韩国建国后“两班”词义的非范畴化特征

1945 年大韩民国成立之后，随着社会的发展，阶级的消亡，身份制被废除，两班的地位也受到动摇。从前只局限于上层支配身份的两班称号失去其权威而被降格为“이양반”“그양반”等对等人称。在韩国现代生活中，以双音节“两班”为构词要素产生了大量的新词。这些词群中“两班”词汇的意义弱化，语法意义增强，构词能力扩大。这一特征与韩国语的词缀功能有点类似。“两班”的词缀化倾向带来了其意义要素、语法功能、语体色彩等诸方面的变化。具体表现如下：[①]

场所+两班：시골양반（乡村两班），우리집양반（我们家两班），서울양반（首尔两班），덕산양반（德山两班）

国家+两班：일본양반（日本两班），중국양반（中国两班），미국양반（美国两班），영국양반（英国两班），한국양반（韩国两班），고려양반（高丽两班），조선 양반（朝鲜两班）

抽象名词+两班：왜상양반（倭相两班），농담양반（玩笑两班），바보양반（傻瓜两班）、바람둥이양반（风流两班），겁장이양반（胆小鬼两班）

职业+两班：주인양반（主人两班），운전사양반（司机两班），의사양반（医生两班），공무원 양반（公务员两班），공직자양반（公职者两班），변호사양반（律师两班），간호사양반（护士两班），기자양반（记者两班），노동자양반（工人两班），감독양반（导演两班）

普通名词+两班：반쪽짜리 양반（一半价钱的两班），똥양반（屎两班），노인 양반（老人两班），처녀양반（处女两班），선비양반（学者两班），벼슬양반（官员两班）

---

① 21세기 세종계획 말뭉치 간단 검색（http：//www. sejong. or. kr/）.

通过上面的例子，可以将与两班结合的名词设为“x”，当“x”自变量为场所、国家名词时，几乎不受约束，能与任何场所、国家名词连用，指代那个地方或国家的人。其中，“우리집 양반（我们家两班）”用于指称自己的丈夫，带有一点尊敬的色彩。当“x”自变量为职业名词时如“国会议员、公务员、教育学部长官、医生、律师、外交官”等，官职和其他职业，如“农民、百货商店老板、司机、商人、手工业者”等，与两班结合指称从事这些行业的人。当“x”自变量为一些具有隐喻特征的普通名词或抽象名词时，与“两班”结合用于对具有这些隐喻特点人的统称或讽刺，则常常带有贬义色彩。这些特征和“两班”作为普通名词所表现的语义特征大相径庭。现代韩国语中，“两班”所具有的表敬特征常常与词缀“大”结合构成“대양반（大两班）”① 与“노비”形成鲜明的对比，凸显“两班”所具有的身份和地位。通过以上分析可以看出，构成两班的区别性特征的意义要素脱落，意义内涵缩小必然导致脱落对象外延扩大。“两班”所具有的显性语义要素脱落的结果便是使用对象的无限泛化。

两班被视为朝鲜时代的支配层时，通常可以作为独立的名词来使用，但以上所列举的合成名词中，“两班”所具有的表敬义素特征已经发生了变化，形成了一种新的特定的意义，有的还具有［+贬低］的色彩。这其实是“两班”一词在经历了意义逐渐虚化过程后，社会泛化的一种表现。韩民族传统两班文化的传统观念中，两班包含着“官职（文官/武官）”“财富（土地多/少）”“身份（良人/贱人）”“儒学修养（有/无）”“性别（男/女）”五个方面的意义要素。在儒家礼文化的正名思想指导下，经济、政治上的统治地位，是成为两班的必备条件。这些条件使得“两班”义素特

① 이 현상을 반대 입장에서 보면 오늘의 대양반이 내일의 노비로 떨어질 가능성이 충분히 있는 사회이기도 했다. 사실 건국시에 ... ［김용운, 한길사, 1985］21 세기 세종계획 말뭉치 간단 검색.

征主要呈现为“[+官职]、[+财富]、[+身份]、[+儒学修养]、[+男]”。但在两班词义的词缀化过程中，“两班”失去了“[±官职]、[±财富]、[±身份]、[±儒学修养]”四个语义要素，只保留了“±男性”这一义素特征，甚至在词汇泛化中新增了“[+贬低]”的情感意义，这使得“两班”的表敬色彩大打折扣，变成了从事某一行业或者是具有某一共同特点人的集合名词。一方面，由于社会的发展，阶级的消亡及传统儒文化等级观念的淡化，导致了词义的非范畴化；另一方面，受社会风尚的影响，群体意识的作用，语言心理的嬗变以及过度使用等原因，其语义所指也随之产生相应的变化。

在身份等级森严的封建社会，儒文化等级、尊卑分明的意识形态规约下的“两班”作为尊称范畴，最早是指“具有官职的文、武两班”。后来敬称那些有儒学涵养、学识丰富并且具有官职的儒学人士。“两班”在朝鲜时代还可以被称为“士大夫、士族、士类、士林、公、卿”。其显著义素特征凸显为“[+官职]、[+身份]”。“两班”的尊称范畴，植根于封建等级社会制度，这种制度规约下，儒文化传播、传承中所体现的“分贫富、分尊卑、分等级、分贵贱、分男女、分长幼”的正名思想随着社会的发展，社会体制的变迁，日渐削弱，而“两班”一词所赖以生存的等级文化土壤遭到破坏，其语义特征的平衡状态也势必会被打破。

“两班”作为尊称范畴使用以来，在某种程度上可以说是封建等级社会不平等的“代名词”，诸如“地位的不平等，身份的不平等，财富的不平等，性别的不平等，受教育的不平等”。这些诸多不平等源自封建等级社会制度规约下，经济、政治不平等所带来的思想意识形态上的不平等，这种思想意识形态的不平等即指儒家传统礼文化的“分”思想。14—16世纪初，是儒家传统礼文化的繁荣期，儒家礼文化的核心“分”思想在“两班”称谓上表现得尤为突出，作为统治阶级的高层，拥有最高的权力，能够分到更多的土地，享有教育专有权。17—19 世纪初，随着社会制度的变迁，当封建统治者的统治摇摇欲坠时，标榜为维护统治者利益的“分”思想也荡然无存。平民跨越了等级界限成为两班。“两班”从此抹去了等级的烙印，指称范畴大众化、平民化。其所体现的义素特征简洁化，从最初的五个义素特征，渐变为两个义素特征，再缩减为一个义素特征；其所体现的表敬感情色彩也逐渐淡化，甚至贬义化，完成了一个从成词语素到词缀化语素的转变。[①]

非范畴化现象是词语语用过程中的普遍现象，体现了语言范畴化的动态性。在词语范畴化的动态变化中，词语通常经历了“无范畴—范畴化—丧失范畴（非范畴化）—重新范畴化”的循环过程。在此过程中，为满足新的认知与表达需求，语言实体不断获得新的意义与功能，为语言的创新与发展创造了条件。而语言使用者也可以根据自己表达的需要，灵活地、选择性地提取类概念中的信息。韩国语称谓敬语“两班”的词义非范畴化也是一个动态的、不断变化的认知过程。该过程中，韩国语称谓敬语“两班”的表敬色彩、语义特征之所以会发生巨大的变化，源于封建等级制度从繁荣昌盛沦落到摇摇欲坠、不堪一击的变迁。此时，封建等级社会制度规约下的儒家礼文化核心“分”思想也随之发生了从量变到质变的蜕变。这种文化制度制约下所产生的“两班”一词的义素特征也经历了从复杂化到简洁化的蜕变。语用也从独立名词范畴向词缀范畴进军。着眼于韩国语称谓敬语“两班”词义的非范畴化研究，不仅使人们对韩国语尊称范畴中的典型成员有更清晰的认识，也对词汇非范畴化中的语义认知有了更清醒的认识。这为以后的词汇范畴化研究提供了可借鉴的方法。

---

① 成词语素是指这个语素的本身是一个词，如：天、地、草，也可以与别的语素组合成词：白天、地面；词缀语素是指黏附在词根上构成新词的语素。

第三节　韩国语敬语词“선생”传承中的儒文化因素

历史上由于汉民族在政治、经济、文化上的优势地位，朝鲜（韩国）曾经直接接受中国政权统治，即使在不受中国政权控制的时候，也十分崇尚汉语文学习，这种跨地缘语言文化接触的直接结果是大规模的词汇移植。韩国语称谓敬语“先生”就是一个范例。

一　三国时期至高丽时期“선생”词义范畴化特征

韩国三国时期即韩国高句丽、百济和新罗三个国家鼎立时期（公元前1世纪—676年），韩国对汉字的掌握和理解程度达到较高水平。该时期由于中国儒文化在韩国的传播，韩国小兽林王二年（372年），国王建立了国家的最高学府太学，教授儒教经典。在农村也建立了经堂，教授以儒教经典为中心的史学、文学和武术，将儒教思想作为政治理念经营国家。汉语借用词“先生”被借入韩国语的具体时间虽然不详，但是据韩国现存最早的、最著名的《三国史记》记载，高句丽（公元前37—668年）、百济时期（公元前18—660年），一些教授儒家经典的教授官被称为“태학박사（太学博士）、오경박사（五经博士）、통문박사（通文博士）《三国史记·卷三十九》”。新罗时期（503—935年），国学中分“卿、少卿、助教、大史、史等官职”。除大史和史之外，所有教授儒学的官职都可以称作“教授官”。这些“教授官”也可以被尊称为“先生”。后来“先生”的词义逐渐泛化，韩国新罗慈悲王在位时，一位名为“朴文良”的官员辞去官职隐居乡

村，拒绝来自宫中的一切援助，过着清贫的生活。因他精通伽倻琴，喜好音乐，品性备受人们的推崇，民间美其名曰“백결선생(百结先生)《三国史记·卷四十八》”。新罗太宗武烈王654年即位时，一位名叫“强首”的人出身名门，因精通中国唐朝的儒家经典而出名，武烈王非常钦佩该人的学识，固称赞其为“강수선생(强首先生)《三国史记·卷四十六》”。可见，韩国语借用词“先生”在韩国三国时代新罗时期已经作为一个尊称范畴在使用。

新罗灭亡之后，高丽建国（918—1392年）。据史料记载，高丽把佛教作为国教，用以支配高丽的思想和信仰。为选拔高级僧人指导传教和管理僧尼事务，高丽初期就开始设置僧侣考试制度，至宣宗时（1084—1094年）制度已达完备，一般称此为“僧科”。通过僧科考试，僧人可得到不同的阶位。如禅宗的法阶有大选、大德、大师、重大师、三重大师、禅师、大禅师；教宗的法阶有大选、大德、大师、重大师、三重大师、首座、僧统。[①] 全国最高的僧官“왕사(王师)”和“국사(国师)”，被视作是高丽王和全体国民的老师，从上述禅宗中有德望的禅师、大禅师和教宗中有德望的首座和僧统中任命。表面上因其具有传道解惑的职能，还可尊其为“스승(师僧)[②]、사부(师傅)、사(师)、대사(大师)[③]”。据韩国历史史书《高丽史》(1998）记载的关于王师和国

① 許興植.“高麗時代의 僧科制度와 그 機能”韩国史研究 11，1975.

② 佛教文化在三国时代传入朝鲜后，佛教用语“sisiŋ(师僧)《三国史记·卷十四》”就被借入到朝鲜语中，用于尊称负责传授和讲解佛家经典的法师。

③ 王师·国师의 비문에서 살펴보면 고려초기에 국사 혹은 왕사大师(또는 和尚)로 표시하고있다. 이 것은 보통 국사国师라 부르지 않고 大师라 불렀던 사실을 반증한다고 생각된다. 高丽国原州贤溪三居顿寺故王师(中略) 赠谥园空国师，胜妙之塔碑铭《金总上》. 許興植.“高麗時代의 國師·王師制度와 그 機能”歷史學報，第六十七集，1975.

师的实例,① 韩国“国师”和“王师”的语义特征可以概括为“[+地位](强化),[+男性],[+尊称],[+知识],[±德行][-血缘]”。在佛教国师和王师的影响下,具有儒学形象特征的“先生”也被披上了一层面纱,【+德行】形象大打折扣。②

韩国高丽时期是儒教和佛教共存发展的时期,儒教对国家的政治体制、伦理观念的影响没有因佛教的统治地位而受到限制。因此,“선생(先生)”③ 基本保持了语义特征的平衡状态。

---

① 원경국사(元敬國師) 왕충희(王沖曦)의 다른 이름은 왕현희(王玄曦)이다. 명종 7년에 흥왕사의 중이 급변이 있다고 고하기를 “승통(僧統) 왕충희가 은밀하게 승려들과 결탁하여 반란을 음모한다” 고 하였으므로 왕충희의 시종하는 사람을 국문하였으나 증거가 나타나지 않아서 석방하였다. 명종 10년에 태후가 유종(乳瘇)을 앓았는데 왕충희를 불러 병을 간호하게 하였다. 왕충희는 많은 궁녀들을 간음하고 또 공주와 간통하여 추악스러운 소문이 밖에까지 퍼졌으므로 우 사간 최선(崔詵)이 글을 올려 왕충희의 추행을 에둘러서 고하고 그를 대궐에서 내보낼 것을 요청하였더니 왕은 그 글을 보고 크게 놀라며 말하기를 “뜻밖에도 사간(司諫)이 우리 형제를 이간하는구나!” 하면서 드디어 최선을 파면시켰다. 그 후부터 대간에서 감히 간언하지 못하였으며 여러 신하들도 모두 다 왕충희에게 붙어 뇌물을 주고 받는 것이 공공연하게 되었다. 왕충희는 명종 13년에 죽었다.《고려사》제 90권 - 열전 제3 왕이 중 담진(曇眞)을 왕사(王師)로 봉할 때 김인존을 봉숭사(封崇使)로 파견하려 하므로 김인존은 사양하여 말하기를 “제가 간관 직책에 있으면서 그를 왕사로 봉하는 데 대하여 이미 반대하는 말씀을 드린 후 아직 윤허도 받지 못한 채 이제 그를 봉하는 사신으로 가면 이것은 전하를 속이는 것으로 됩니다.”《고려사》제 96권 - 열전 제9.

② 후에는 관선생(關先生)과 그 일파의 남녀들이 법도(法度)는 세우지 않고 향락만을 추구하였으므로 그들도 실패하였다.《고려사》제 44권 - 세가 제44.

③ 오세재의 자는 덕전(德全)이고 고창현(高敞縣) 사람인데 그의 조부는 한림학사 오학린(學麟)이다. 오세재는 젊어서부터 열심으로 공부하였는데 6경(六經)을 필사하여(手寫) 읽었으며 주역(周易)을 매일같이 암송하고 있었다. 명종 때에 과거에 급제하였으나 성품이 소탈하고 조심성이 부족한 탓으로 세상에 용납되지 못하였다. 이인로가 세 번이나 글을 올려 천거하였으나 끝내 임관되지 못하였다. 동경에서 곤궁한 객지 생활을 하다가 세상을 떠났다. 이규보와는 망년(忘年)의 교분이 있었으므로 이규보 개인이 그에게현정선생(玄靜先生)이란 시호를 주었다.《고려사》제 102권 - 열전 제15.

二 朝鲜时期“선생”词义范畴化特征

高丽中后期朝鲜建国初期，佛教慢慢丧失权威地位，国师、王师的象征性机能也开始弱化。在崇尚性理学儒学者的推动下，崇儒抑佛的政策被实施，国师和王师也被废置。韩国语“先生”的儒学特征再次被标榜，指称具有官职的儒学人物。① 随着中央政治制度的完善，各级教育机关被建立，教育机关中的教授官如“国子祭酒、国子司业、国子博士、四门助教，官学的学官”都是从德才兼备的人物中选拔，被称呼为“사（师）、사승（师僧）、선생（先生）”。各级教授性理学的教授官或者是承担各种教育活动的长官被称呼为“선생（先生）”。在这种历史背景下，“선생（先生）”不仅可以指称曾在官府任职的人物，还可用于尊称具有丰富的性理学学识和德望的人。这一时期，根据“先生”所承担的职责，产生了“국왕、세자교육과선생（国王、世子教育科先生）、관학교육과선생（官学教育科先生）、사학교육과선생（士学教育科先生）”。其中，“国王、世子教育科先生”被称为“经筵（帝王为讲经论史而特设的御前讲席）”的教育长，主要负责教育国王。官学教育科先生，朝鲜初期倾注于官学体系的建设，注重学问的振兴及官吏的养成，主要负责教弟子学问。② 士学教育科先生，主要是指许多士林派因与勋的矛盾，被迫隐居到乡村，建立书宅或者书苑从事教育活动，被视作教育的长者。③ 朝鲜时期（1392—1910年），“先生”还用于尊称那些性理学

① 그런데 전조 낭관（銓曹郎官）은 달 수를 계산하지 않고 스스로 자급을 더하면서도 전혀 거리낌이 없으며，낭관을 경유하여 나온 자는 높여 선생（先生）이라 합니다. 종종 22년（1527）경기에서 감사나 도사（都事）를 지낸 사람을 선생（先生）이라 하는데，그 부모나 아내의 초상에 여막（廬幕）과 분묘（墳墓）를 설치하는 일을 감사가 각 고을에 나누어 배정하면 각 고을에서는 민가（民家）에 역을 책임지워서 공공연히 조발（調發）하여 관가의 일처럼 하고 있습니다. 명종 20년（1565）-《朝鲜王朝实录》.

② 남지대，“조선초기의 경연제도-세종，문종년간을 중심으로”한국사론 6，1980.

③ 禹仁秀，“17세기 山林의 進出과 機能”歷史教育論集 5，1983.

知识渊博、具有儒学德行的儒生。① 除此之外，还可以尊称辞官隐居山林，潜心研究学问之人。② 还有一些学者对性理学的认识开始深化，并将性理学付诸实践。16世纪末以后，迎来了理学至上主义时代，被性理学武装的人因迎合时代的潮流，被称为“산림등장과선생（山林的登场科先生）”③。

在中韩跨文化交流过程中，元（1271—1368年）、明（1368—1644年）、清（1644—1912年）时期汉语“先生”曾一度指称那些以相面、卜卦、卖唱、行医、看风水等为生的人，带有贬义色彩。这一贬义义素特征，给韩国语“先生”带来了负面的影响。据《朝鲜王朝实录》中的实例④可以看出韩国语“先生”一词语义色彩的变化。该时期因汉语“先生”的某些贬义特征在韩国语中用同义重复语“사무（师巫）”来代替，因此，在语义色彩变化的程度上，中韩“先生”一词存在着差异。

---

① 조선은 16세기말 이후 이학 지상주의시대 (理學至上主義時代) 를 맞이하게 되었다. 즉, 성리학으로 무장한 학덕을 겸비한 인물이 선생으로서 중시되고 대우를 받으며 강한 영향력을 행사하는 사회적 분위기가 형성된 것이었다. ‘선생은 유자 (儒者) 의 학교를 맡아 가르치시니 선지선각 (先知先覺) 이시라, 그 나아오는 자를 허락하시어 다행히 물리치지 마시고 밝게 열어 주시기를 바랍니다.’ 고 하므로, 나는 그가 귀 (貴) 하되 예를 좋아하고, 도가 있는 사람에게 나아가서 자기를 바로잡고자 함을 기뻐하였노라. 세종 16년 (1434) 조선왕조실록 태조 - 철종 (1392—1863).

② 선생은 40년간 산림 속에서 사셨다. 선생이 문을 닫고 들어앉아 뜻을 구한 것은 반드시 그만한 학문이 있어서일 것이고, 겸손히 물러나서 확고하게 지킨 것은 반드시 그만한 소견이 있어서일 것이며, 배고픈 것도 잊고 구경을 하며 늙어가는 것도 모른 것은 반드시 그만한 낙이 있어서일 것이다. 그런데 사람들은 그가 산간 계곡에서 노닐며 거문고와 책에 묻혀 스스로 즐거워하는 것만을 보았을 따름이지, 그의 내면에 간직된 것에 대해서는 엿보아 헤아린 이가 적었다. 그리고 선생은 평생 남들에게 칭술되고 싶어하지 않았기에 그 남긴 뜻을 어길 수 없어 감히 묘비명을 입언지사 (立言之士) 에게 청하지 않은 것이다.” 선주 수정 (시록) 12년 (1579).

③ 禹仁秀, “17세기 山林의 進出과 機能” 歷史教育論集 5, 1983.

④ 선생들은 창기 (娼妓) 를 끼고 앉아 후한 뇌물을 요구하다가 조금이라도 뜻에 차지 않으면 신래의 종을 때려서 혹 죽이기까지도 합니다. 또 선생이 데리고 온 노졸 (奴卒) 들이 기탄없이 포학을 부리는데, 뜻에 차지 않으면 그릇과 음식을 모두 깨뜨리고 밟아 뭉개는 등 그 정도가 너무 지나칩니다. 종종 35년 (1540).

朝鲜时期（1392—1910年），儒学备受推崇被作为治国和教育之本。高丽末期兴起的儒学，到李朝时又有发展。设置科举取士之制，选取儒者为官；设国学乡校，传授儒家经典。因受宋、明朝影响，尤重程朱性理之学，各种教育机关竞相在韩国开展性理学教育。韩国语“先生”一词在该时期的表现形式也多种多样。根据韩国编年体历史书《朝鲜王朝实录》，总结如表4-2所示：

表4-2 《朝鲜王朝实录》(1392—1863年)① (1863—1910年)②

	称呼语	指称语
선 생	태종 4 년 (1404)，세종 10 년 (1428)	세종 14 년 (1432)，세종 30 년 (1448)，세종 16 년 (1434)，성종 6 년 (1475)，성종 9 년 (1478)，성종 12 년 (1481)，성종 13 년 (1482)，성종 15 년 (1484)，연산 3 년 (1497)，연산 8 년 (1502)，종종 4 년 (1509)，종종 14 년 (1519)，종종 16 년 (1521)，종종 28 년 (1533)，종종 29 년 (1534)，종종 30 년 (1535)，종종 31 년 (1536)，명종 19 년 (1564)，명종 21 년 (1566)，선조 7 년 (1574)，선조 8 년 (1575)，선조 13 년 (1580)，선조 30 년 (1597)，선조 33 년 (1560)，광해 7 년 (1615)，광해 13 년 (1621)，인조 2 년 (1624)，인조 16 년 (1638)，효종 2 년 (1651)，효종 9 년 (1658)，효종 10 년 (1659)，현종 1 년 (1660)，현종 12 년 (1671)，현종 14 년 (1673)，현종 (개수 실록) 1 년 (1660)，숙종 3 년 (1677)，숙종 20 년 (1694)，숙종 39 년 (1713)，숙종 41 년 (1715)，숙종 (보권정우실록) 25 년 1699，영조 1 년 (1725)，영조 13 년 (1737)，영조 15 년 (1739)，영조 30 년 (1754)，영조 40 년 (1764)，정조 1 년 (1777)，정조 2 년 (1778)，정조 16 년 (1792)，정조 19 년 (1795)，정조 22 년 (1798)，순조 12 년 (1812)，순조 14 년 (1814)，순조 17 년 (1817)，순조 22 년 (1822)，순조 30 년 (1830)，고종 19 년 (1882)，고종 25 년 (1888)，고종 39 년 (1902)
선생+님	세종 3 년 1421	세조 3 년 (1457)，선조 즉위년 (1567)
官职+선생		박사 선생 (博士先生) 세조 14 년 (1468) 국자감 (國子監) 선생 고종 35 년 (1898)
场所+선생		고을 선생 성종 20 년 (1489)
前缀“노老”+선생		노선생 (老先生) 고종 18 년 (1881)
敬语“大人”+선생		선조 29 년 (1596) 숙종 33 년 (1707)

① 국사편찬위원회와 서울시스템이 제작한 국역 조선왕조실록 CD.

② 조선왕조실록연구회와 서울시스템주식회사간행 1998.

续表

称呼语		指称语
姓，字，号，名字+선생		오류 선생（五柳先生）세종 5 년（1423），이천 선생（伊川先生）세종 14 년（1432），정이천 선생（程伊川先生）세종 29 년（1447），예 선생（倪先生）세종 32 년（1450），이천（伊川）선생 연산 3 년（1497），절효 선생（節孝先生）연산 7 년（1501），노천 선생（老泉先生）중종 15 년（1520），각로 선생（閣老先生）중종 32 년（1537），동선생（董先生）사 선생（史先生）중종 32 년（1537），모재 선생（慕齋先生）명종 9 년（1554），서경덕（徐敬德）선생 명종 17 년 1562，김 선생 굉필（金先生宏弼）명종 21 년（1566），남곡 선생（南谷先生）선조 1 년（1568），김 선생 선조 3 년 1570，대곡 선생（大谷先生）선조 12 년（1579），퇴계 선생（退溪先生）선조 34 년（1561），구암 선생（龜巖先生）선주 수정（시록）4 년（1571），덕계 선생（德溪先生），선주 수정（시록）4 년（1572），일재（一齋）선생 선주 수정（시록）9 년（1576），옥계 선생 선주 수정（시록）11 년（1578），대곡 선생（大谷先生）선주 수정（시록）12 년（1579），율곡 선생（栗谷先生）선주 수정（시록）15 년（1582），선주 수정（시록）20 년（1587），선주 수정（시록）24 년（1591），명곡 선생（鳴谷先生）선주 수정（시록）27 년（1594），선주 수정（시록）30 년（1597），청송 선생（聽松先生）、우계 선생（牛溪先生）선주 수정（시록）31 년（1598），내암 선생（來庵先生）선주 수정（시록）35 년（1602），청송 선생（聽松先生）광해즉위년（1608），대곡 선생（大谷先生）광해 4 년（1612），여헌 선생（旅軒先生）인조 1 년（1623），정 선생（程先生）인조 3 년（1630），사계（沙溪）선생 인조 9 년（1631），여헌 선생（旅軒先生）인조 15 년（1637），고봉 선생（高峰先生）인조 24 년（1646），명도 선생（明道先生）효종 5 년（1654），신독재（愼獨齋）선생 효종 7 년（1656）포은 선생（圃隱先生）현종 4 년（1663），유해손（劉垓孫）선생 현종 7 년（1666），이 선생（李先生）숙종 7 년（1681），현석 선생（玄石先生）숙종 21 년（1695），농암 선생（農巖先生）’숙종 33 년（1707），여 선생（呂先生）숙종 37 년（1711），회암 주 선생（晦庵周先生）숙종 40 년（1714），명재 선생（明齋先生）숙종（보권정우실록）40 년 1714，정원 선생（政院先生）영조 6 년（1730），도암 선생（陶菴先生），영조 22 년（1746），귀봉 선생（龜峯先生）영조 27 년（1751），‘주 청암 선생 집략（朱青菴先生輯略）’영조 47 년（1771），소 선생（邵先生）영조 51 년（1775），동포 선생（東浦先生）정조 15 년（1791），고정 선생（考亭先生）정조 23（1799），‘남곽 선생（南郭先生）’순조 1 년（1801），반남 선생（潘南先生）순조 23 년（1823），최 선생（崔先生）고종즉위년（1863），정몽주（鄭夢周）선생 고종 37 년（1900），약봉 선생（藥峰先生）고종 39 년（1902），고종 43（1906）

以上实例可以看出，“先生”表现形式多样，多用于指称当时曾在官府任职的人物，隐居山林具有学问和德行的处士，教授和研究学问的教授官及具有学问和志超的儒生等。其共同特征表现为“【+尊称】、【+儒学德行】”。

三 日本侵略时期及近现代韩国语“선생”词义范畴化特征

1910—1945年是日本侵略韩国时期，受西方政治制度的影响，基督教传入韩国后，基督教的传教士创立了许多私立学校，开始介绍西方的教育制度，传播西方的文化和思想。这些思想在韩国国民抗日救亡运动中起到了积极的作用。除此之外，民族主义者在全国范围内兴办了私立学校，并在自己兴办的学校内教育学生，宣扬民族启蒙教育，培养学生的爱国心，抵抗日本的侵略，并身先士卒投入到抗日救亡运动中。随着教育的普及和渗透，“선생（先生）”这一称谓不仅可以泛称各级近代教育机关的教师与有知识、品德修养高的人，而且对那些奋勇抵抗日本侵略的爱国者也称其为“선생（先生）”。①“선생（先生）”的德行被强化，其职能不再仅仅是传授知识，还包括启发国民，巩固国家基础的思想教育。

20世纪中后期，中韩文化交流过程中受儒家礼文化的影响，“先生”可以敬称那些“才华横溢”之人，②“先生”还可以与姓氏

---

① “赵선생! 당신은 교육자요, 교육자는 뒤에서 열심히 학생들을 가르치며 되는 거요. 지금 우리가 독립운동을 한다고 해서 당장 독립되는 것도 아니고……이런 식으로 운동하는 것이니 선생은 열심히 교육사업해 가지고 학생을 훌륭히 길러 내서 제2의 독립운동, 제3의 독립운동의 일군을 길러 내야 하오. 赵 선생은 지금 뛰어들지 않아도 되니까 뒤에 남아서 뒷일 말아 봐요. 어디 하루 이틀에 끝날 일입니까?” 서울特别市教育委员会,“스승의 길”農園文化社，1984.

② 1. 학예와 재주가 뛰어난 사람을 높여 이르는 경우.

（1）존경하는장선생! 우선 축하의 말씀부터 들이는 것이 옳겠지오. 선생의 찬란하신 성공의 기사를 저는 지금 마악 신문에서 보고난 길입니다.

<1951 화상보（유진오），234>

或职业连用表示对他人的尊敬。① 后来敬称那些比自己学识、经验丰富之人。② 此外，“先生”还可以指称“教师”或年龄比自己小的男士。③

---

(2) 그러나 내가 지금 율곡선생을 찾아뵌다면 세상 사람들은 나더러 벼슬자리를 구하러 일 가를 찾았다 할 것이오. <1957 임진왜란 (박종화), 274>

① 2. 성 (姓) 이나 직함 따위에 붙여 남을 높여 이르는 경우.

(1) 신선생 오셨대죠? “명신이는, 목욕 갔으니까 조금 있으면 오리라는 말을 들었건마는, 그래도 못 믿어운지 순제에게 은근히 묻는 것이었다. <1954 취우 (염상섭), 393>

(2) 거기서 허 선생을 뵈었지. “라고 말했다. <1976 사도행전 (선우휘), 289>

(3) 직원 선생께서 말씀하길 못사는 사람들을 위해서 아파트를 많이 지어 놨다고 하셨는데, 전체적으로 몇 세대나 지었으며 현재 지어지는 아파트는 정말 못사는 사람들이 마음놓고 살 수 있도록 지어 놓은 것인지 말씀해 주시기 바랍니다. <1980 어둠의자식들 (황석영), 350>

② 3. 어떤 일에 경험이 많거나 잘 아는 사람을 가리키거나 비유적으로 이르는 경우.

(1) 그 표정태 선생보다 썩 좋은 떡을 치는 것도 아닌 종혁은 곰곰 며칠을 생각하다가 그 가불인가를 신청했었다. <1977 샛강 (이정환), 175>

(2) 개업 두번째 마수부터 재수 옴 붙은 꼴이었지만 사범 선생 말씀인즉, 「그럴 때는 반절 떼 주는 거라.」이고 보면 할 수 없는 사정이었다 가불인가를 신청했었다. <1977 샛강 (이정환), 175>

③ 4. 학생을 가르치는 사람을 지칭하는 경우.

(1) 학교 측에서보면 자네 같은 선생을 구하기도 힘들 거야. “” 그렇지도 않아요.사범대학 출신들 때문에 교원자격 고시 합격증 가지고 견디기가. <1964 무진기행 (김승옥), 230>

(2) 우리 반 아이들이 모두 구반 선생을 좋아하는데 우리 선생이라고 구반 선생을 좋아하지 않을 까닭이 없지요. 구반 선생처럼 이쁘고 노래도 잘 하는 선생이 왜 가수나 탈렌트가 되지 않고 선생이 되었는지 그건 참 모를 일이어요. <1974 모범작문 (조선작), 374>

(3) 선생이라면 선생 대접을 받을 만해야 선생이 되는 것인데, 당신은 그런 대접을 받을 도리가 없어. 당신이 어째서 내 선생이 돼야 한다는 거지? <1980 어느사학도의젊은시절 (박태순), 047>

5. 자기보다 나이가 적은 남자 어른을 지칭하는 경우.

(1)「신성이냐? 안 선생 왔니?」호텔의 자기 방에 거는 것이다. 아까 딸이 두 마님을 피해서 스르르 호텔로 건너가는 양이, 오늘도 의례 익수가 올 거라는 짐작이 있기에 전화를 거는 것이다. <1958 대를물려서 (염상섭), 261>

通过例句分析可以得知，韩国语“先生”在语用的过程中不仅可以用为尊称，还可以作为称呼语和指称语使用。其中，“先生”作为尊称使用的时候，与韩国人的“先生观”有很大的联系。韩国人的“先生观”具有两面性，一方面是指在学问的传授过程中的约定俗成称呼；另一方面是由于社会因素的影响尊称那些德高望重、学识渊博、为人师表的人物。

如果深入分析的话，人们所追求的“先生”的真面目正是社会文化层面所赋予的“先生”内涵。从三国时期历史文献上发现的最初人物称呼“百结先生”和“强首先生”被使用开始，一直到近代，韩国语“先生”一直被作为民众教化的标本，“先生”作为尊称，其所具有的德行和学问被世人所推崇和称颂。但是，随着时代的变迁，比起精神价值追求，人们更偏好于物质价值的追求。受社会因素的影响，“先生”一词不仅可用于社交用语，还可以用于指称语，其原本的尊称范畴也逐渐淡化。

韩国人的先生观由来已久，传统社会的“先生”一方面作为知识的传授者受人尊敬；另一方面作为行为规范的楷模受人推崇。从封建社会这一注重精神价值的传统社会到偏向于追求物质价值的近代社会，随着时代的变迁，韩国语称谓敬语“선생（先生）”也由受尊敬的人格体转变成职场上的职业人，而“先生”的本义表敬色彩则淡化很多。由于韩国语所固有的黏着语特征，其后所附着的表敬词缀“님”又重新赋予了“先生”一词表敬色彩。但是，在进入网络化的今天，韩国网络通信语中关于老师的尊称“선

（2）그런데 선생，저 놈 얘기가 웃기는 겁니다. 중사는 혼자서 헤헤거리며 웃다가 갑자기 순열씨에게 다가들었다. <1970 선생과황태자（송영），568>

（3）그러니까 선생，그년을 조졌다고 얘기하슈. 조지지 않았더라두 조졌다고 하란 말요.

<1970 선생과황태자（송영），571>

생（先生)”，在语用上出现了许多变体，如“샘，선생씨，姓+센세”。[①] 这些语用表现和“先生”的本义相反。由于社会的发展，阶级的消亡及传统儒文化等级观念的淡化，“先生”的表敬色彩大打折扣，其语义所指也随之产生相应的变化。再加上当今市场经济体制的形成，网络化、时代化进程中带有幽默、讽刺、滑稽、调侃的口吻网络语也彰显出“与众不同”的特点。这就激起了人们的兴趣，增加了点击率。这样，源于现实又高于现实的新词新语就不断涌现。

韩国语“先生”一词来源汉语，但是词义非范畴化过程中，中韩“先生”一词却呈现出不同的语义特征。在网络时代，受网络语的影响，汉语“先生”语义虚化逐渐趋向词缀化。主要来源于网站、游戏、产品、影片甚至计算机病毒命名。如“骨头先生”是款充满神秘色彩的动作类游戏，“憨豆先生”是个幽默性喜剧影片。除此之外，还有“国别+先生（中国先生、印度先生)”“职业+先生（甜心先生——卖点心的、算命先生、货郎先生——做小商品批发的、足球先生)”“人的特征+先生（僵尸先生、范文先生、阴阳先生、大嘴巴先生、大个子先生、可爱先生、时尚先生、魅力先生、豌豆先生、健美先生)”“名词+先生（灵幻先生、绝望先生、无聊先生、关东大先生、熊先生、聊斋先生、差不多先生、梦游先生、寂寞先生)”“动词短语+先生（琢磨先生、撞邪先生)”“形容词+先生（大先生、小先生)”等。“先生”称谓语形式多样化、用法新颖奇特，吸引了更多的人来点击。从意义上看，与之组合的语素或表示职业行为，或表示幽默、讽刺，已经丧失了“先生”原有的义素特征，唯有【+男性】的义素特征被保留。“先生”的词汇意义虚化，语法意义增强，具有能产性、可类推性和可预

① 이정복,“청소년들의 경어법 사용 실태 분석-대구지역 고등학생을 대상으로”, 한국어학, 한국어학회, 2006 년.

测性，由此衍生出大量的以“先生”为词缀的派生词，最终完成了由成词语素到词缀语素的转变。儒文化思想意识形态规约下的“先生”作为尊称范畴被借入到韩国后，最早是指“明道者、有德业者、传道授业解惑之人、学识丰富之人”。后来敬称那些比自己学识和经验丰富之人。“先生”最早用于教师的职业称谓是指“师、傅、师傅、博士、师儒、训长、教育者、教师、教员、教授”。这些人员的职责就是“传道授业解惑”。除此之外，韩国语还用汉语借用语“사군（师君）、존사（尊师）、부자（夫子）、사부（师父）、스승（师僧）”表示对老师的尊敬。直到如今，韩国语中“선생（先生）”还表示对老师的尊称，而汉语通常用“老师”。韩国语“선생（先生）”一词虽源于汉语但在其范畴化过程中并没有“随波逐流”，始终保持着“表敬”的感情色彩。究其成因主要在于“선생（先生）”的内外文化环境在起作用。

“先生”的尊称范畴，植根于儒文化传播、传承中所体现的“分贫富、分尊卑、分等级、分贵贱、分男女、分长幼”的正名思想。在该思想影响下，“先生”的语义多指向“经济、政治地位相对较高，年龄相对较长的男性”。随着社会的发展，社会体制的变迁，当“先生”一词所赖以生存的儒文化土壤遭到破坏时，其语义特征的平衡状态势必会被打破。中国本土儒文化在 19 世纪末 20 世纪初，在“打倒孔家店”的运动中，受到全面的冲击。其间，也出现了一些诸如“中体西用”或“西体中用”的文化调和主义，也有一些坚守传统的文化保守主义，但都拯救不了本土儒文化的整体衰败。在这种情势下，汉语“先生”的义素特征发生了翻天覆地的变化。受 20 世纪 70 年代中国国内“批林批孔”运动的影响，再加上西洋文明的冲击，韩国的儒文化虽遭到一些人的排斥，但是儒教并没有由此而走下坡路。朝鲜时期（1392—1910 年），有相当一批儒教学者认为，韩国亡国的原因不在儒教，而在于没有真正地去实践儒教的真理。所以，他们主张要认真研究和把握儒

教的本质，真正地去实践儒教，以匡救亡国之恨，并因此提出了“儒教勃兴论”。韩国儒文化在一些外文化的影响下，发展受到影响。但是，由于国内一些拥护儒文化的势力尚存，在他们的推动下，儒文化还是沿着一定的轨迹继续前行。再加上中国“文化大革命”的十年间，中韩几乎断交，已被打入冷宫的汉语“先生”一词对韩国语也没有造成很大的影响。1992 年中韩建交后，中国“先生”一词已被作为尊称称谓再度被启用。韩国语“선생（先生）”几乎没有受到汉语的冲击。这正是韩国语“선생（先生）”尊称范畴得以保持的外在因素。

时过境迁，在商品化市场经济运行下，汉语“先生”一词在范畴化过程中，出现了词缀化的现象。而韩国语由于其固有的表音文字特点以及黏着语特征，一方面韩国语“先生”的词义虚化程度不明显，其后可附着的黏着成分在某种程度上增加了“先生”的表敬色彩；另一方面，韩国语以单音节为主的词缀化特点在某种程度上对双音节语义虚化程度要求更高。这些制约因素使得韩国语“선생（先生）”一词，在外来文化的侵袭下，依然“岿然不动”地保留其语义上的表敬色彩。

韩国语称谓敬语“先生”的词义非范畴化也是一个动态的、不断变化的认知过程。在该过程中，韩国语汉字借用词“선생（先生）”的表敬色彩之所以得以保持，其语义特征与汉语“先生”之所以会产生差异，主要归因于韩国所固有的社会体制、政治体制、社会民俗、人们的价值观等外在因素的影响和其固有的文字特点、语言特征等内在因素的制约。

第五章

韩国语敬语词·敬语法·儒家礼文化的互动关系

——以韩国古典名著《春香传》为中心

倘若把文化看作一个包罗万象的人类社会活动，语言不仅从属于文化，更服务于文化、映射着文化、传承着文化。语言中的很多特色语群也是如此。比如，表达恭敬或谦逊态度与情感的敬语词，其萌芽、生长、繁荣、衰退的浮沉起落，一方面深受文化的影响；另一方面又影响着文化。敬语词这一富有民族特色的语言表现形式，根植于等级森严的社会制度并且维系着此制度制约下的礼文化。自阶级社会在朝鲜地区形成之后，统治阶级为了巩固其政治统治，稳定社会秩序，通过“制礼”的方式进一步强化了等级意识的严谨性与合法性。“天有十日，人有十等。下所以事上，上所以共神也。故王臣公，公臣大夫，大夫臣士，士臣皁，皁臣舆，舆臣隶，隶臣僚，僚臣仆，仆臣台。”（《左传·昭公七年》）①，尊卑有等的意识由此广泛渗入人们的社会生活和价值观念之中。传统尊卑观念自产生之后，便对我国社会产生了极为广泛而深远的影响，上自社会的政治、经济、文化生活，下至人们日常生活的衣食住行，方方面面，无不渗透和体现着尊卑观念。礼之尊卑外化为语言表现，礼之价值观也因之内化入文体的尊卑评

---

① 陈赟：《中国礼文化背景中的文体尊卑论》，《广东技术师范学院学报》2013年第2期。

价之中。礼文化的基本价值观念可以归纳为尊爵、尊齿、尊德。“爵”是政治地位，表现了价值观对政治现实的屈从，被视为礼文化的政治原则；“齿”是人的年龄，或事物的历史，其价值当来源于古代文化习俗的沉淀，被视为礼文化的历史原则；“德”是品德，代表了礼文化的最高理想，被视为礼文化的道德原则。这些尊卑观念的民族意识和原则通过韩国敬语词和敬语法的互动得以体现。

第一节　敬语中作用力和反作用力的关系

敬语的使用主要是由交际语境因素决定的。交际语境是由交际场景、交际参与人、交际的媒介、交际的目的等要素构成的。初学者对语境无法准确判断时，应该优先选择敬语，尽量运用对上阶称的句式，必要时让自己吃一点“亏”，从而在交际中使对方感到被尊重，进而获得对方的好感，保证交际的顺利进行。随着社会的发展，中韩经济贸易的往来，中韩跨文化交际的语言使用成了人们关注的热点和焦点问题。

就韩国语的语言特征分析，韩国语的敬语表达形式，主要通过韩国语的敬语词和敬语法的共显来体现，韩国语的黏着语特征决定了敬语法在韩国语敬语表现中的主导地位。根据尊敬的对象不同，韩国语敬语法可分为：主体敬语法、客体敬语法、相对敬语法。与此相对应韩国语敬语词也可被分为：主体敬语词、客体敬语词、相对敬语词。

韩国语敬语法以遵循儒家文化法则为前提，儒家文化法则又是通过一定的文法表现出来。游离于“权利”和“权力”之间的儒文化的法则是相对不变量，社会发展进程中的多元文化表现形式是自变量，韩国语敬语法会随着自变量的变化而变化。自变量和相对不变量是内隐和外显的关系。

韩国语敬语法的使用基本上是靠人们在语言环境中的“力”的关系调节。韩国学者이정복（2012）将话语环境中敬语法使用的制约因素归纳为“力”和“距离”。[①] 韩国学者유송영（1994）认为话者和听者的力量关系和纽带关系成反比例。当力量关系作用大时，话者和听者的亲密度就会减弱。与此相反，亲密度增强，话者和听者的力量关系就会减弱。[②] 关于“力”和“距离”的关系，韩国学者박영순（1995）也有研究：“对于初次见面的两个人，对话双方之间的‘力’驱动占据主要地位；随着两个人的关系日渐密切，纽带关系又相对占统治地位。敬语法的使用也相对发生变化。但是，对话双方的身份如果是以下情况（上级—下级，教师—学生，前辈—后辈，叔叔—侄子等）时，不论什么情况下，下位者都要对上位者使用敬语，也就是说韩国语中的纽带关系和力关系几乎不起作用。”[③] 李圭昌（1992）认为韩国语敬语的使用取决于话者的心意动机，这种内在的心意动机在社会关系和伦理道德的制约下通过外在的敬语（语言）和敬相（动作和态度）来表现，并指出韩国语的敬语表现形式由四大要素（格式、敬相、敬意和敬语）构成。[④] 综上所述，我们可以将作用于韩国语敬语形式的因素和韩国语敬语形式归纳如图 5-1 所示：

图 5-1 中所示的作用力中的社会意识是指作用于敬语表现方

---

① 参与者要因包括力量（阶层、年龄、地位、性别、受惠者关系）和距离（亲疏关系）。亲疏关系又分为 物理距离（时间距离和空间距离）和心理距离（肯定距离、否定距离、中立距离）이정복，“한국어 경어법의 기능과 사용 원리” 소통 등록，제 317-2007-51 호，2012.

② 유송영，“국어 청자 대우법에서의 힘（power）과 유대（solidarity）（1）-불특정청자 대우를 중심으로”，국어학 24，국어학회，1994.

③ 박영순，“상대높임법의 사회언어학” 어문논집 34，민족어문학회，1995.

④ 李圭昌，国语尊待法论，集文堂，1992，pp. 26-28.

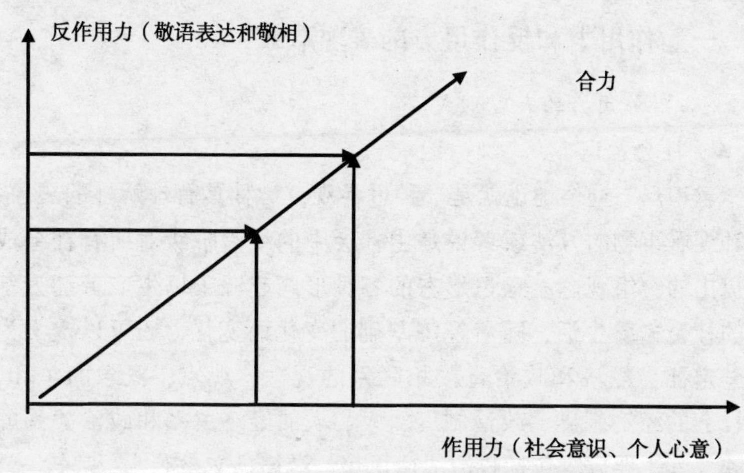

图 5-1

式的儒家礼文化思想意识形态，其核心可概括为“分思想”，如“分等级、分地位、分男女、分贫富、分长幼”。个人意识形态是指个人的心意动机即“得失判断”。反作用力中的敬语是指包括语法规则和词汇在内的语言表现形式。敬相是指与礼法密切相联系的敬谦行为和敬谦态度。合力是指作用力和反作用力共同作用的结果。图 5-1 中，合力中的作用力和反作用力是对立统一的关系。作用力是内在的、看不到的；反作用力是外在的、可以通过听觉和视觉觉察到的。作用力在合力中起决定作用，其所包含的社会意识是主驱动力，占主导地位，个人意识在某种社会环境下必须服从社会意识。反作用力是作用力的润滑剂，促进作用力的“循环”。两者相互依存，协调发展。

在实际的语言交流过程中，作用力和反作用力的互动关系如何？作用力和反作用力的具体表现如何？本节就以上问题进行探究。

一 作用力和反作用力的表现形式

（一）作用力的表现形式

1. 社会意识

意识形态通俗地说就是一种世界观，一种具有理解性的想象，一种观看事物的方法或者说是由社会中的统治阶级对所有社会成员提出的一组观念。意识形态的各种形式起源于以生产劳动为基础的社会物质生活，随着经济基础的变化而变化，还可以定义为与一定社会经济和政治直接相联系的观念、观点、概念的总和，是社会的经济基础、政治制度、人与人的经济关系和政治关系的反映。其主要内容包括政治法律思想、道德、文学艺术、宗教、哲学和其他社会科学等意识形式。这些形式构成了意识形态的有机整体，从不同侧面反映了现实的社会生活，它们相互联系，相互制约。每个社会的统治阶级的意识形态，都是占社会统治地位的意识形态，它集中反映该社会的经济基础，表现出该社会的思想特征。具体如下：第一，社会现实性。无论是占统治地位的政治思想，还是居非统治地位的思想，无疑都是为了维护现存的政治制度，或为了批判现存的政治制度，具有现实指向性。第二，总体概括性。意识形态是由各种具体的意识形成的，内容广泛，主要包括政治思想、法律思想、经济思想、社会思想、教育、艺术、伦理、宗教、哲学等。这些意识形态不是孤立的，而是相互联系的思想体系。第三，阶级性。意识形态具有鲜明的阶级功能，不同的社会集团和阶级由于其利益的差异而有不同的意识形态，而不同的意识形态在社会中所处的地位，是由其所代表的阶级的地位决定的。第四，相对独立性。社会存在所决定的意识形态有其自身特有的发展规律，是相对独立的。第五，依赖性。意识形态不是从天上掉下的，也不是人脑中固有的，归根结底来源于社会存在，脱离社会存在的意识形态不存在。儒家思想意识形态作为个人社会意识形态的一部分，其内容主要包括："分"思想、官本位思想、天人合一思想、"仁、义、礼、智、信"伦理思想、"家国一体化"思想等。

2. 个人心意

受社会意识形态的制约，依据自己的利益得失而产生的想法。主要决定因素包括：权和利的关系。

（二）反作用力的表现形式

1. 敬语的表现形式

（1）敬语语法的表现形式

根据尊敬对象的不同，敬语法可以分为：相对敬语法、主体敬语法和客体敬语法。

①相对敬语法的表现形式

相对敬语法的表现形式主要包括先行语末词尾和终结词尾具体如下：

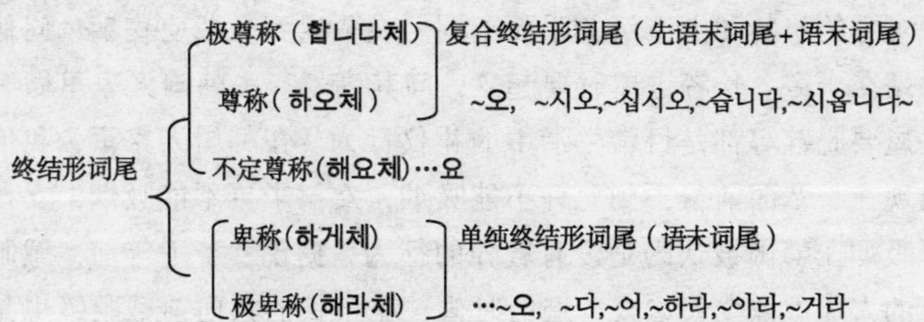

②主体敬语法的表现形式

主要包括格助词"께서"，先语末词尾"시，으시"。

③客体敬语法的表现形式

主要包括补助词"아/어/여 드리다"和格助词"께"。

（2）敬语词的表现形式

关于敬语词的表现形式可参考第一章第一节的论述。从韩国语敬语词的构词情况上来看，韩国语敬语词中，大部分是由标记性敬语素加词根构成。这些敬语词在语用中通过与敬语法共同作

用来达到表敬目的。如，相对敬语法中，通过称呼语的敬语形式与相对敬语法的语法表现形式共显来达到对听话人尊敬的目的。主体敬语法中，通过动词和形容词的敬语形式与主体敬语法的语法表现形式共同作用，从而达到对句子主体的尊敬。客体敬语法中，主要通过与补助词“아/어/여 드리다”合成的敬语词及语法形态“께”的共显，来达成对客体的尊敬。

2. 敬相

敬相是指和礼仪密切相关联的行为动作和谦恭的态度。现代韩国最常见的礼仪包括：社交礼仪、餐饮礼仪、饮酒礼仪。

（1）社交礼仪

在韩国，初次见面、道谢、致歉或迎送客人的时候都要鞠躬。这是起码的礼节，就像我们中国人见面打个招呼、点个头笑笑是一样的意思。韩国见面问候打招呼光鞠躬还不够，还要根据对方的身份注意鞠躬的角度。道谢时一定要低头致谢，且低头的程度视对方的年龄和上下级关系而不同。晚辈遇到长辈应鞠躬、问候并站在一旁。长者进屋时要起立，问其高寿。去韩国人家里做客进屋要脱鞋等都是日常生活中的礼仪行为。在韩国人家里，我们发现在长辈面前得不到允许不能吸烟；女孩子更不能吸烟，女孩子吸烟在韩国被认为是没有教养的行为。据说，若干年前，戴眼镜的人还不像今天这么普遍的时候，在年长的人面前戴眼镜也是不礼貌的。韩国人的社交礼仪还表现在：公共场所，韩国人不应该轻易流露自己的感情，不能大声说笑。特别是女性在笑的时候还需用手帕捂着嘴，防止出声失礼。在韩国，受儒家男尊女卑思想的影响，妇女十分尊重男子，双方见面的时候，女性总会先向男性行鞠躬礼、致意问候。男女同座的时候，往往也是男性在上座，女性在下座。

（2）餐饮礼仪

用餐、请客时，长辈先入席；与客人或长辈递接东西，要先鞠躬，然后再伸双手。与长辈一起用餐时，如果是小桌，一定要脱鞋，千万不要因为不习惯而伸直腿，一定要盘腿而坐，男人可以盘腿，孩子最好是跪地坐在自己的小腿上或跪地侧坐；用餐时要等长辈先动筷子，然后才能进餐；用餐速度要与长辈协调，不能快也不能慢，要等长辈用餐完毕晚辈才能结束用餐。用餐时还要注意不能端着碗吃饭，中国的用餐习惯一般是端碗吃饭，在韩国，这样的行为被视为不雅。韩餐中用汤的礼仪如下：韩餐中一般都有汤，要先喝一口汤再吃其他食物，喝汤时用汤匙，韩餐中的汤里都会有很多的菜，但不能用筷子捞汤中的菜。用汤匙时，不同时用筷子，用筷子时，把汤匙放在桌子上，餐具不能搭在碗上。

（3）饮酒礼仪

韩国的酒文化也值得我们一提，韩国人都爱喝酒，甚至有相当一部分人“嗜酒”，和中国一样，韩国也有很多“酒规矩”。首先，自己不能给自己斟酒，互相斟酒才算礼貌。其次，给别人斟酒时通常要一手握瓶一手托住瓶底，被斟酒的一方要用右手托着端酒杯的左手臂肘处。敬酒时还要把自己的杯子递给对方，斟一杯酒，对方喝完后拿回杯子由对方斟酒自己再喝。与长辈相对的时候，不能面对着长辈喝酒，一定要侧过身子才行。

二　作用力和反作用力的互动关系

（一）作用力的驱动

1. 地位、阶层的作用力

受儒家传统官本位思想的影响，集体单位始终存在序列关系。如公司职位分“普通职员、室长、科长、部长、董事长”，高校官职中分“普通教师、部长、校长”，军队中按照军队的军衔分“兵、上士、中士、下士；上尉、中尉、少尉、准尉；上将、中将、少将、准将”。受这种序列关系的影响，下级对上级严格要求使用敬语。敬语词主要表现在“称呼语敬语表现”及“听话人所涉及的行为表敬形式”，语法表现在使用尊阶。

A（职员）：죄송합니다．사장님．실은 밖에 손님이 한 분 찾아오셔서……

（抱歉社长，外面有人找……）

B（社长）：어떤 손님인데 이 야단인가?（什么客人这么吵闹?）

A（职员）：중입니다（是和尚）

B（社长）：중이라니 절의 중 말인가?（和尚? 是庙里的和尚吗?）

A（职员）：예（是的）<1970 육이오（홍성원），392>

以上是公司里下级职员和上级社长之间的对话，该对话中，下级职员对上级社长使用的敬语表现形式中，敬语词主要包括“죄송하다（对不起），사장님（社长），분（位），예（是）”，敬语法主要包括先行语末词尾“시”和表敬尊阶词尾“ㅂ니다，입니다”。与此相反，社长对公司的职员则使用了卑阶如“인가”。这正是职场上身份等级差的表现形式。

2. 年龄的力作用

（1）家庭中晚辈对长辈

弟弟和哥哥的对话：

A（弟弟）：형님，저게 뭡니까?（哥哥那是什么?）

B（哥哥）：왜 그러나?（为什么，会是那样?）<1959 깃발없는기수（선우휘），046>

（2）社会环境中晚辈对长辈

A（后辈）：윤 선배님，도시락 가져오셨습니까?（闰前辈，您带盒饭了吗?）

B（前辈）：오늘은 못 가져왔소．（今天没带。）

A（后辈）：그럼 저하고 같이 갑시다．（那么和我一起去吧。）

B（前辈）：그럽시다 .（好的。）<1986 행복어사전（이병주），045>

实例（1）中弟弟对哥哥使用的敬语表现形式中，敬词为“형님（哥哥）”，敬语法表现为尊阶“ㅂ니까”。而哥哥对弟弟用了卑阶。实例（2）中，晚辈对前辈使用的敬语词中包括“선배님（前辈），저（我）”，敬语法主要包括先行语末词尾“시”和尊阶词尾“읍니까？/ㅂ시다”。而前辈对后辈没有使用卑阶而使用了尊阶“ㅂ시다”。将实例（1）和实例（2）相比，可以得知，实例（1）中，家庭环境中的弟弟和哥哥的年龄差异较大，尊卑敬语表达较明显。而实例（2）中，可能前辈和后辈的年龄差异不大，两者相互使用了敬语。从作用力的大小来看的话，年龄作用力在实例（1）中较明显。

3. 受惠关系作用力

做生意的女子：아버님 잠간만. 아버님，가실 때 가시더라도 높으신 성함이나 한번만 가르쳐 주옵시오.（父亲，请稍等，即使走，请把您的尊姓大名告诉我吧。）

中年男子：내가 이름을 대려고 자네 몸값을 치렀단 말인가? 나는 이름이 없는 사람야 하하하하<1957 임진왜란（박종화），083>（我说出我的名字就能抵你的身价吗？我是一个没有名字的人。哈哈哈。）

该对话中，中年男子和做生意的女子是受惠关系，所以女子对中年男子用的敬语表现中，敬语词有“아버님，성함（贵姓）”，敬语法表现中有先行语末词尾“시，으시”，表敬词尾“옵시오”，而女子因从事的生意较低贱，因此，男子对女子用了卑阶。词汇有“내（我的），자네（你），나（我）”，语法形式有“인가”。

4. 亲疏关系作用力

初次见面时，即使是年龄和身份地位相当的人一般用尊阶。

A（王芳）：안녕하세요. 처음 뵙겠습니다. 왕방입니다.（你

好，初次见面我叫王芳。）

B（哲洙）：안녕하세요．철수입니다．반갑습니다．（你好，见到你很高兴。）

当王芳和哲洙相处了一年成为好朋友时，可以用：

A（王芳）：철수씨，어디가요？/철수，어디 가？（哲珠，你去哪儿？）

B（哲洙）：난 도서관에 가겠어요．/난 도서관에 가겠어．（我去图书馆。）

韩国人初次见面喜欢问对方的年龄，因为只有知道对方的年龄才能正确地使用敬语，以至于不失礼。以上对话是初次见面两位年龄相仿的韩国学生的自我介绍，因为是初次见面，尽管年龄相仿，但两者都选用了尊阶。表示两位学生的关系还不熟悉。相处一年熟悉了以后，敬语终结词尾也相应地发生了变化。如一年前两者见面对话时使用的尊阶，一年后使用的是尊平阶和卑阶。根据敬语的尊卑敬语法的使用表明了两者的关系的亲密度。

（二）话语环境中的作用力和反作用力的互动

1. 作用力和相对敬语法的互动

话语环境中的参与者们是一个"力（主要是指社会地位、年龄、阶层）"合体。在话语环境中，参与者的"力"合体越大，越应该受到尊敬。对话环境中，当听话人的地位、年龄、阶层比说话人或话语主体的地位高的时候，应该受到尊敬，即在语言表达形式中选择使用敬语。为了研究便利，将说话人、听话人、说话人和话语的主体分别用字母"A（说话人）""B（听话人）""C（话语的主体）"表示，具体分析如下：

（1）B>A，B=C

主体敬语法就是对句子主语的尊敬。在话语环境中是否对句子主体尊敬通常要看句子主体与听话人和说话人的关系。与说话人和听话人的力作用相比，当句子主体的儒文化"力"作用较强

(地位高，年龄大) 时，通常使用主体敬语法。只有说话人和听话人参与的话语环境中，听话人成为话语的主体时，相对敬语中的儒文化的作用力同样适用于话语主体。如：

将军：자지 않고 여태까지 있었던가? (不睡觉，一直待到现在吗?)

士兵：장군께서 너무 심려하시니 어찌 잘 수 있읍니까? (将军那么忧虑，我怎么可以睡呢?)

将军：고마운 사람이로다! (好士兵呀!)

士兵：소장이 곰곰 생각하오니 한 계교가 있읍니다. <1954 신라통일 (홍효민), 303> (小将仔细想后有个妙计。)

以上对话是将军和士兵的对话，话语的主体是听话人将军。因此，以上对话语主体对将军尊敬时，敬语词用了“심려”，敬语法用了先行语末词尾“시”和表敬的格助词“께서”。

(2) C>B>A

当参与话语环境的不仅仅有说话人、听话人还有第三者，第三者做话语的主体时，要考虑压尊法的使用。根据韩国语的压尊法，即韩国语的主体尊敬主要适用于地位相对于听话者和说话者较高的人。使用压尊法的心理机制有两个：出于对听话人表示尊敬用压尊法；出于语言使用的便利和获得经济性的战略采用压尊法。当听话人的地位比主体的地位高的时候，由于受听者地位的影响，要使用压尊法。

如例句“할아버지，아버지가 언제 왔습니까?” (爷爷，爸爸什么时候回来?)

以上实例中，爷爷的年龄和地位比爸爸高，为了表达对爷爷的尊敬，爸爸作为话语主体不应受到尊敬，因此，不用表敬形式。同样，媳妇在婆婆面前提到自己的母亲时作为话语主体的自己的母亲也不受到尊敬。这是封建家礼制度制约下的语言表现形式。但是，随着社会的发展，封建大家庭逐渐被核心家庭所取代。父

亲在家族的地位逐渐提高。以前不合乎礼仪的语言表现“할아버지, 아버지는 언제 오십니까?”也慢慢被适用。以上语言形式完全取决于“礼”文化影响下的话语者的“作用力”的驱动心理。社会“礼”文化的发展导致了人民使用敬语时“力”驱动心理的变化。这些在语言形式上都能够得到充分的体现。

(3) B>C>A

ㄱ：할아버지, 어머니가 오는 것이 좋겠습니다.(爷爷，妈妈来了就好了。)

ㄴ：교수님, 어머니가 오시는 것이 좋겠습니다.(教授，妈妈来了就好了。)

再比如家庭范畴和社会范畴压尊法的适用表现也存在差异。家庭范畴中，例句“할아버지, 어머니가 오는 것이 좋겠습니다”和社会范畴中的例句“교수님, 어머니가 오시는 것이 좋겠습니다”，在表现对话语的主体的尊敬时出现了差异。以听话人为中心，主体的尊敬服务于对听话人的尊敬从而达到有效的交际目的。在家族制度中的长幼有序，家长制等封建家礼规约下，“妈妈”的地位没有爷爷的地位高，因此以上例句中对话语主体“어머니”没有使用敬语。与此相反，在注重等级、地位的社会的宗法制度影响下，受惠者说话人出于对听话人的尊敬，对听话人的母亲用了敬语法。

还有一种情况如“철수씨, 어머님께서 어디에 계십니까?”该例是公司社长对哲洙说的话，话语的主体是不在现场的哲洙母亲。为了表现对哲洙母亲的尊敬，敬语词用了“어머니”的尊敬形式“어머님”，并且其后附着表敬主体敬词“께서”，主体所涉及的动作也用了敬词“계시다”表示对句子主体的尊敬。原因主要在于当主体和听者相互处于不同的范畴领域时，一般不考虑主体和听者的地位差异而使用敬语法。

但是，当听话人和说话者自身地位相同或者比说话人的地位低的时候，对第三者一般不用敬语形式。这主要是由于第三者敬语的运用，尊敬程度要受到话者和听者相互间的理解及其与主体人物的亲疏关系，对话参与者是否处于相同的地位等的影响。从这点上，我们可以说这种压尊法的使用导致话者和听者之间产生互推作用。

2. 作用力和客体敬语法的互动

ㄱ：문영에게 선생님의 말씀은 잘 들었읍니다. 어머님께 여쭈어 보아 나중에 회답을 드리겠읍니다. <1954 신라통일（홍효민），045>（文英非常听老师的话，把老师的话告诉给母亲后，再给老师答复。）

ㄴ：누님이 어머님께 읽어 드리는 것을 옆에서 자는 체하고 엿들어서 머리에 박히게 된 것이다. <1961 아름다운새벽（마해송），396>（我在旁边装作睡觉偷听了姐姐念给妈妈的话，并深深地记在脑子里。）

ㄷ：형님보다는 어머님께 말씀드려 보세요. 저것들을 봐서라두 어머니가 형님을 조르실 겁니다. <1975 영등포타령（황석영），124>（比起哥哥来，最好告诉你的妈妈。看情况妈妈会追问哥哥。）

从以上例句分析可以得知，当客体比说话人和听话人的地位高时，通常要对客体使用表敬形式。敬语词主要包括“뵙다（拜见），올리다（呈上），여쭈다（禀告），드리다（给）”和与表敬补助动词“아/어/여 드리다”复合而成的敬语词如“축하드리다（祝贺），말씀드리다（禀告），읽어드리다（给对方读）”等。语法形式主要通过表敬格助词“께”来表现。

儒文化传承过程中，封建家礼中的长幼有序，家长制等文化思想被继承和发展，以年龄和地位为基础的家族成员注重血缘亲疏，关系相对安定和自然。但以阶级地位为基础的社会集团中，由于儒家礼文化传承中宗法制度的制约，话语参与者的等级分明，不可越雷池一步，通常更应注意敬语法的使用。也就是说，说话人在与家庭成员对话时，其敬语法形式更反映出他们的稳定关系和情绪化态度；社会环境中的敬语法使用更反映出一种利害以及灵活机动的社会关系。

第二节 朝鲜名著《春香传》中的敬语使用与儒文化互动关系研究

《春香传》最早产生于14世纪高丽恭愍王时代，直至18世纪末、19世纪初李朝李明二十一代王英祖时期（1724—1776年）和二十二代王正宗（1776—1800年）统治时期才最后形成一部完整的作品。18世纪末、19世纪初的李朝封建社会，贵族统治阶级骄奢淫逸，两班统治黑暗腐朽，人民群众备受剥削和迫害。不堪忍受的下层阶级团结起来接连不断地发起了农民起义和市民斗争，再加上实学思想家对封建制度的揭露和抨击，李朝封建统治已濒于崩溃。《春香传》就是在这样的历史背景下，在人民的口传中日臻完善的。出现过的版本先后有全州版《烈女春香守节歌》、京版《春香传》、汉文版《水山广寒楼记》《汉文版春香传》和抄本《古本春香传》等多种形式不同版本。1954年，朝鲜作家同盟出版社以《烈女春香守节歌》为底本进行整理、校注，题名《春香传》出版。本节试图以《春香传》为研究对象，对敬语和儒文化的互动关系展开研究。

一 韩国古典小说《春香传》中敬语和封建家礼的权威

네 말을 사또께는 여쭈지도 못하고 어머님께여쭈었더니랑반

의자식이 부모따라 시골에 왔다가 장가도 들기전에 기생의 딸을 려간다는 소문이 나면 앞길에도 좋지 않고 조정에 들어 벼슬도 못한다구 꾸중만 들었구나. 그러니 불가불 리별이 될수 밖에 없구나. (67) 조령춘 (2000)《春香传》67 页。

汉文翻译："你的话没能告诉老爷而告诉了我的母亲，结果挨了顿骂。'两班弟子跟随父母来到乡村，结婚之前，带着妓女的女儿，这样的传闻要是传开的话，不但对自己的前途不好还会影响自己做官。' 因此，我们恐怕是不得不分开了。"

以血缘亲疏为基础的宗法等级制度（礼制）是朝鲜传统尊卑观念产生的社会历史根源。宗法制度是王族贵族以家族为中心，按血缘远近区分嫡庶亲疏，分配国家权力的一种世袭等级制度。该制度由氏族社会父系家长制演变而来，主张宗法等级和政治等级完全一致，国家组织和宗族组织合而为一。传统尊卑观念在这种制度规约下，也就应运而生。受尊卑观念的影响，存在于社会各个阶层的亲疏、尊卑、长幼分异被认为是理想的社会秩序，而为使这种秩序长存，就必须使贵贱、尊卑、长幼各有其特殊的行为规范。因此，差贵贱、别亲疏的尊卑原则成为儒家礼文化的重要交际原则。家庭内部的贵贱、大小、上下等一切等差尊卑次序合理化、正常化成为社会所普遍认同并据以行动的价值观念。以上例句正是封建家礼中"子从父"的一个表现，李道令本已经在春香母亲面前有了海誓山盟，本应信守自己的承诺，受"父命不可违"的家长制度的影响，被迫遵循父命，背弃自己的诺言。以上李道令与春香的对话证实了朝鲜宗法制度下，家长在家族中的权威。子随父命，婚姻不由自己做主。在这种观念下李道令对自己的父母用了尊称"사또（对自己父亲的尊敬）、어머님（对自己母亲的尊敬）"，其中，表敬动词"여쭈다"的两次使用分别表明对其父亲和母亲的尊敬。

二 韩国古典小说《春香传》中敬语表现形式与身份等级

（1）량반의도령님이 부르면 가는 것이지 아직도 네가 량반님네 세도를 모르는 구나. 도령님으로 말하면 되삼촌님이 우의정이시고 할아버님은 리조판서를 지내시고 아버님은 이 고을 사또님이시다. 네 만일 도령님의 령을 거역하였다간 래일 아침 동헌마당으로 너의 어머니를 잡아들여 매를 치면 네 마음은 어떠하며 내 마음은 좋겠느냐. 그러니 맘대로 해라《춘향전》33 页

汉译文："我们家公子叫你的话，你就应该去。你好像还不知道两班的世道。说到我们家公子，我们家公子的舅舅是右议政，爷爷是李朝判书，父亲是这个县的官老爷。你如果敢违背我们家公子的命令的话，明天就把你的母亲抓到东轩院子里进行鞭笞。你不好受，我也不好过。你看着办吧！"

以上是李道令的下人房子对春香说的话。其中房子是李梦龙的仆人。身份等级森严的朝鲜贵族社会是高度集权的官僚体制，李氏朝鲜王朝取代高丽王朝后，在沿袭了高丽王朝的旧有身份等级基础的同时，吸收和借鉴了中国的儒教理念，两相结合形成了朝鲜王朝的身份等级制度。在朝鲜王朝身份等级制度规约下，良贱对立分明，其中位居统治阶级最上层的主要包括王族在内的两班阶层，通常被称为"文班"（东班）与"武班"（西班）；位居两班之下，同样隶属于统治阶级的另一部分便是中人阶层。被统治阶级主要由三大阶层组成：平民阶层（良民、常人、常民、庶民等）、贱民阶层（奴婢、巫堂、广大、娼妓、白丁、津尺等）以及良役贱阶层（使令、水军、潜军、烽隧直、驿卒等）。[①] 在以一元的静态农业经济为主导的朝鲜社会，政治上占主导地位的两班利

① 王慧：《"春香传"的文化人类学解读》，博士学位论文，中央民族大学，2007年，第19页。

用其职权在经济上拥有更多的土地，政治、文化等方面的参与权利都被两班阶层与中人阶层所垄断。被统治阶级则完全被剥夺了政治、文化方面的全部权利，处于被压迫的地位。这样一来，经济上的主导和政治上的主权使得两班阶层具有较高的社会地位。房子做为两班的仆人是为两班服务的，而属于贱民阶层的娼妓处于社会的最底层，社会地位最低。

在社会意识形态作用力下，房子对春香的对话凸显了两班的以下特征：其一，两班的地位。该语言交代了李道令的叔叔、爷爷、父亲的官职，突出了两班家族身份地位高。语言表现中，对指称为两班的李道令、李道令的叔叔、爷爷、父亲统统用了敬语形式“도령님，삼촌님，할아버님，아버님”，他们又被统称为“량반님”。其二，彰显了两班的权威。该语言中交代了如果敢违背两班的命令的话，春香的母亲有可能被抓起来。语言表现中，由于春香是妓女的女儿，社会地位较低，指称春香时，房子用了卑阶“너”，对春香的母亲也没有用尊称而是用了平称“어머니”。

(2) 도령님의 그런 사정을 모르랴만 서울량반네들은 무심해하는 말이다. 지난날 너의 아버님도 서울로 가신후에 소식이 전혀 없었으니 내 어찌 눈물로 살지 않았겠느냐.《춘향전》88 页

汉译文：“真不知道公子的情况，京城两班都没良心。以前你父亲返回京城后也渺无音讯，结果母亲平日里常常是以泪洗面。”

该句是春香的母亲月梅对春香说的话，话语中带有讽刺的意蕴，两班言而无信的形象呈现在读者面前。从另一层面也反映出当时身份等级社会，妓女地位十分卑贱，只是被作为两班阶级茶余饭后的玩偶而已，两班和妓女之间的爱情是不现实的。该句中，春香的母亲月梅在指称李道令时用了敬语形式“도령님”，指称春香的父亲时也用了敬语形式“아버님”。尽管月梅在心中充满了恨，但社会意识作用力下，又不得不使用敬语。

(3) 도령님 지금 하신 말씀이 참말이요? 우리 둘이 백년가약 맺을 적에 대부인, 사또님 허락받아 맺었던가요. 도령님 어이 그리 잊으셨소. 도령님우리 집에 찾아오시여 도령님은 저기 앉고 춘향 나는 여기 앉아 천장지구라해고 석탄토록 변치 말자 하신 맹세 어찌 그리 잊으시고 마지막 가실 때는 리별하자 하시니 세상에 이런 법도 있소이까? (68 页)

汉译文:"公子说的话都是真的吗? 我们两个签订百年佳约的时候,夫人和老爷不是已经同意了吗? 难道公子忘了吗? 公子到我们家时就坐那里,我坐这里。我们发誓天长地久到死永不改变,难道公子都忘了吗? 最后,要走的时候说要分手,哪有这样的?"

春香和李道令的年龄相仿,但对话中,春香对李道令一概用了敬语。究其原因主要在于当时身份等级的差异。众所周知,儒家文化思想意识形态中很重要的一点就是非常注重"礼",这个"礼"不仅仅指日常生活中的种种礼仪规范和礼貌用语,更重要的是体现在各种愈来愈烦琐的仪式上。在韩国传统的婚礼习俗中较多地保留了儒家礼文化的谦卑与礼数,整个婚礼仪式每一步都有严格的程序与仪式规范,没有经历这一过程与仪式的婚姻是不被世人所承认的。在等级分明的李氏王朝时期,婚姻讲究门当户对。身份地位不同的男女在法律与世俗上都是不能结合在一起的,两班贵族与平民之间严禁通婚,并且婚姻大事乃是父母做主,一桩婚姻被祝福的前提就是要先得到父母的同意,整个婚礼仪式进行的过程中都要对父母与长辈毕恭毕敬,要对父母行大礼以感谢其养育之恩。这正是儒家强调"尊卑"地位和"孝"思想的集中体现。在"尊卑思想"和"孝"思想制约下,子女对父母要绝对的"顺从"和"毕恭毕敬",语用中就是必须使用敬语。这一传统即便是在今天依然影响深远。在当今的韩国,一对相爱的人要想结婚的话,家庭出身依然是非常重要考察的因素之一,因此导致了很多的爱情悲剧的产生。

(4) 도령님은 아직 모르십니다. 세상에는 귀한 사람 천한 사람의 차별이 있어 혼사를 해도 처지에 맞게 하는 것이온데… 사또댁도령님이 량반의 도리를 어기시고 천한집의 춘향이와 인연을 맺었다가 사또님과 마님께서 아신다면 천길만길 뛰실 일이오니……① (47)

汉译文:“公子还不知道。世上有贵贱之分，人有等级之别，婚事也要讲究门当户对。官老爷家的公子违背这个道理和贱民春香结下姻缘，事后如果官老爷和夫人知道了，到时再惊惶万状。公子……”

人是社会中的人，生活在朝鲜时代处于社会最底层的妓女月梅对两班的婚姻制度心知肚明。她和两班虽有一女，但是按照当时的婚姻制度即“两班的妾生的孩子，不能随父成为两班，只能是中人；而贱妾所生的孩子，其身份只能随母亲而为贱民”。该小说中虽说春香的父亲是两班，但朝鲜的“贱子随母”的身份等级制度使得春香已经被烙上了贱民的烙印。在朝鲜这样一个等级森严的社会，两班阶层严格地实行同阶层内通婚。两班男子必须以两班女性为正妻，而中人阶层或奴婢阶层的女性，只能为两班做妾而不能为正妻。两班女性与其他阶层男性通婚则是绝对禁止的。两班阶层所具有排他性与封闭性，使得两班出身的李梦龙和贱民出身的春香的婚姻不被允许。在此认知的前提下，春香的母亲对李梦龙话中暗示了：李道令和春香的出身有别，李道令的父母是不会同意这门婚事的。在月梅的言语中对“两班”的称谓敬语“사또댁，도령님（对李道令的尊敬）、사또님（对李道令父亲的尊敬）、마님（对李道令母亲的尊敬）”和表敬动词“아시다，뛰시다（对李道令父母的尊敬）”分别表现出月梅对两班的恭敬态度。《春香传》中还有这样一句话：

---

① 조령춘,“춘향전”, 문예출판사 조선고전문학선집（제 30 권）, 2000：47 면.

(5) 량반례절이 말많은 줄 이제야 알으셨소. 백년가약 맺을제 내가 뭐라구 합디까? 아이고 해가 량반을 섬기다가 이 신세가 되구도 정신을 못차렸구나.《春香传》68 页

汉译文:“两班礼节繁多现在才知道，百年佳约约定的时候，我说什么了? 天哪，侍奉着两班，到头来是这样的命运。我真是昏了头了。”

在故事发展的进程中月梅迫于李梦龙和春香的海誓山盟，勉强答应了这门婚事。但在当时的社会制度和婚姻制度规约下，种种美好的愿望和许诺只能是一种希望，终究不能成为现实。该句中的“량반례절(两班礼节)”指的是种种身份等级制度下人与人交往所遵循的行为礼仪规范、言语礼节习惯、礼文化思想意识形态。这种规范和习惯就像一个枷锁束缚着人们的思想和行为自由，使得李道令对春香和月梅(春香的母亲)的承诺成为泡影。

(6) 아이고 가슴이야, 량반 상놈의 백년가약 천만번 부당한 줄 모르는바 아니지만 설마 이리될 줄 몰랐구나. 량반도 사람이요.천민도 사람인데 사랑에도 귀천이 있고 빈부가 있다더냐.《춘향전》69 页

汉译文:“天哪，虽然知道两班混蛋的百年佳约不应该，但也没料到会到这一地步呀。两班也是人，贱民也是人，都是人，为什么就有贵贱和贫富之别呢?”

人们在交际过程中，所选用的称谓敬语其概念意义可将此称谓与其他称谓区别开来，内蕴意义包含着社会对被称谓者的文化观念。而情感意义常常细腻刻画了称谓者的感情倾向。以下是月梅由于对李道令的背信弃义极度愤慨，对身份等级差异的不公表示不满时说出的话:“两班也是人，贱民也是人，怎么就要区分贵贱和贫富呢?”由于情感上的愤怒对两班使用了带有贬义的称谓语“량반상놈”，翻译成汉语为“两班混蛋”。可见，情感在某种程度

上也影响着人们的认知。

除此之外，朝鲜时期的官本位制度也是尊卑观念的一个具体体现。"官本位"不是一个严格的科学概念而是通俗的说法，最早出现于20世纪80年代。这种说法起源于经济学上的一个专用名词——金本位。金本位指的是以黄金为本位货币的一种货币制度。以黄金为单一的价值尺度去衡量其他商品的价值。在封建社会，官本位是一种社会体制。王侯将相，官分九品，形成庞大而严密的官本位体系。整个社会纳入国家行政系统的体制结构，所有的人、所有的组织和部门，都分别归入行政序列，规定其等级，划分其行政权限，并最终服从统一的行政控制。这是身份等级社会的一个真实写照。身处该社会中，以仕途为个人事业的选择导向，一切服从于官级地位，一切为了做官和升官，把做官、升官看作人生最高追求目标，同时又用做官来评判人生价值的大小。它意味着当官就有尊严，有权就有一切。人们以官为贵，以官为尊，以官职大小衡量人的价值、成就、地位，由此而形成了对权力、官位、官员的崇拜和敬畏。영감（令监）本指（从二品）正三品的官员，由于身份等级制度的制约，受传统儒家礼文化传承下来的尊老思想的影响，该敬词用于尊称地位较高、年龄较长的人，并可用于中年以上妇人对丈夫的尊称。[①]"나으리"本来是下人称呼堂下官，16世纪在母亲和女儿的对话中指称当官的丈夫。[②]《春香传》中反复出现的尊称"사또님"也是朝鲜时代，国王派遣到郡县的地方官吏。这种以官职尊称对方的敬语形式沿用至今，由此也透视出官本位思想的传承痕迹。

---

① 李乙焕、李庸周：《国语意味论》，首都出版社1964年版，第42—43页。

② 황문환, "조선시대 언간 자료의 부부간 호칭과 화계" 藏書閣 제 17 집, 2007.

第三节 互动关系中“驱动力”因素的文化辨析

一 自然崇拜与“驱动力”因素

韩国语敬语词最早起源于人们对超自然力的崇拜，古代氏族社会，生产力低下，科学落后，人们将人所不能为的“力”寄托于“天”，相信“天”有生杀予夺的“权力”，人们对“超自然力”的崇拜存在于先民的意识当中，被视为是一种“神力”。这种力量看不到，摸不着，但又很神圣、高高在上。据《三国史记》记载，早在新罗初已有巫，称第二代王南解为次次雄，而次次雄就指巫。[①] 实际上在原始社会的各部族中一般皆存在“巫”，所用名称虽异，具体形式亦有区别，基本职能却大体相同，皆被认为是“超自然力”，并能借此力而行巫术。初期，其职能基本上是靠幻想的超自然力保护氏族、村社及其成员和牲畜、农作物不受恶鬼加害，驱赶致病作祟之妖邪，故受到普遍尊重、爱戴。韩国著名学者崔南善认为，韩国古代原始社会“巫堂”（巫师）是存在的，这个“巫堂”就是“祭祀长官”，也就是“檀君”。这种“超自然力”的维护就是靠举行祭祀仪礼。祭祀对象主要包括天灵、五岳、名山、大川、龙神等。这种对“超自然力”的崇拜普及于民间，在民众的精神生活中占有主要地位。人们迷信于该“超自然力”，对这种超自然力产生敬畏，将这种对“超自然力”的崇拜视为一种信仰。于是就产生了“巫俗信仰、家神信仰、村落信仰、俗信信仰”等多种信仰。这是韩国语敬语词最初使用的动因。后来随着政教一

① 金京振：《中韩宗教思想比较研究》，中央民族大学出版社 2010 年版，第 26 页。

体化的实施，在韩国古代先民那里，最贤明的长者是最高祭主、座首，主管祭、政两事。长者既是巫师又是人君。韩国《檀君神话》中的檀君则是公认的国巫，是韩国巫教传说中的核心人物。信仰的传承正是靠着这种政治力的维护。政治、经济和文化是相互作用的力。政治力维护下的文化促进经济的发展，经济力的持续发展对政治力指导下的文化，起到了推波助澜的作用。

随着社会的发展，后来人们把苍天视为至上神，与上帝相比，天更高深莫测、神秘玄奥，更像一个命运之神，在冥冥之中控制着人类社会的运行规则。私有制产生后，人们经济地位上出现了不平等，经济地位高的统治者将这种超自然的“崇拜力”神化于自己，由此，被礼化称为“天赋人之权力”。随着私有制的发展，宗教观念与世俗宗法制度的变革相适应，天神与祖神结合，增强了天与君王的血缘联系，为嫡长子继承制度披上了一件神权的外衣，将对天的崇敬迁移为对天子的崇信，将神权、族权与政权紧密结合，形成了神学化的政治统治模式，标志着宗法等级制度的成熟。该制度下所倡导的儒家思想涉及天道与人道、天命与人力、天性与人为等多重关系，在这些天人关系中，人是中心和出发点。人被赋予极大的尊严，人性尊严与天地齐平，故有“三才者，天地人”之说。人“最为天下贵”①“天地之性人为贵”②“人者，天地之心也，五行之端也。”③

二 儒家“分”学说与“驱动力”因素

儒学发源于中国，它的创始人是孔子。后来又经过孟子、荀卿、董仲舒、程颐、朱熹（继孔子后最博学的大儒）、陆守仁、王阳明等历代大家的继承和发展，形成体系，内容博大精深。代表

① 梁启雄：《荀子简释》，中华书局1983年版，第109页。

② 胡平生等译：《孝经·地藏经·文昌孝经》，中华书局2009年版，第28页。

③ 杨天宇：《礼记译注》，上海古籍出版社2004年版，第20页。

人物孔子言论集《论语》被译为多种版本在世界范围内广为流传。《论语》中涉及的思想以及后来的各种儒家思想在东南亚及东亚地区，尤其是在韩国广为流传，儒学思想在韩国被称为儒教，之所谓“教”，是因为在韩国儒学被大多数人所信仰，认定其为指导自身行动和生活的道德标准。儒教的传统思想对韩国国民价值观念的实现作用是巨大的。对政治经济、社会生活、思想教育和家庭伦理等方面的影响都极其深远。此外，儒家学说对韩国多元文化的形成具有显而易见的作用。儒家将人的心性、命运与天结合在一起，主张对天的认识是对人认识的前提和基本参照。为了维护自己的统治地位，主张“天人合一”即顺承天道，实际上就是要顺承人道，这种人道就是儒家的礼仪规范。统治者将这种“以道治人”之说，辩护为是顺承天意。“以道治人”之说建立在名分论之上，古曰“名不正，则言不顺”，试图用“名”去纠正已经改变或者正在改变的“实”，做到“君君臣臣父父子子”，辨明身份，从而维护其以亲情为基础的宗法制度。名分论的核心是“分”即“分阶级、分等级、分贫富、分尊卑、分长幼、分男女”。“分”是“别”的开始，“分”的目的是等级化。于是人们的名分就有了“三六九等”之别。与此同时，尊卑观念产生。尊卑观念作为政治等级观念，就是根据人们社会地位的高低来决定自己的态度。在封建宗法家庭中表现为“家长制、男尊女卑、长幼有序、男女有别、亲疏有别”。以父系血缘关系为准则，父是一家之长，父为主，子为从；夫为主，妻为从。以男性为主体的长者享有至高无上的权力，这种“权力”对其他成员造成约束，使得家庭成员恪守成规，唯命是从。

在封建“家国一体化”的宗法制度下，家是国的缩影，家庭内部的权力关系放大到社会层面正是官本位制度的反映，主要表现为对当权者（各级官吏）和比自己职位高的位高权重者，尊之、贵之、敬之，而对平民百姓或是职位低于自己的人，则是卑之、贱之、鄙视之。这种尊上卑下的社会意识外化于等级化的语言表现形式及等级化的礼仪规范。正是出于对这种“权力”的敬畏，尊卑意识代代相传，亘古不变犹如自然轮回。这种“千篇一律”的等级化形成社会制度后，处于不同社会等级中的人们地位尊卑分明，等级高者为尊，等级低者为卑。处于君臣、父子、夫妇、兄弟、朋友五伦关系中的人们，几乎每个人都处在对上尊、对下卑的尊卑双重角色中。普遍存在的尊卑地位同强烈的尊卑观念和尊卑文化，形成了重尊轻卑的传统价值取向。位卑者对于位尊者必须有自己的身份意识，使用的语言应有特定的敬谦色彩，如“为尊者讳”《春秋·公羊传》中，“尊者”主要是指帝王或国君，为了维护他们的盛名不受冒犯或挑战，隐讳掉，或回避一些被认为是对帝王或国君不利的错误言行。其实质是将帝王或国君视为最为高贵的观念，把帝王视为神灵，称其言行光明正大如日月，臣民都要五体投地地尊崇他，不容有任何质疑。这种等级化的“权力分割”被称为合乎情理的“礼”。在《礼记·曲礼上》中就有如下一些论述：“礼者所以定亲疏，决嫌疑，别同异，明是非也。”《礼记·坊记》：“夫礼者，所以章疑别微，以为民坊者也，故贵贱有等，衣服有别，朝廷有位，则民有所让。”《礼记·乐记》：“礼辨异。”《礼记·经解》：“朝觐之礼，所以明君臣之义也。聘问之礼，所以使诸侯相尊敬也。丧祭之礼，所以明臣子之恩也。乡饮酒之礼，所以明长幼之序也。婚姻之礼，所以明男女之别也。”《礼记·哀公问》：“民之所由生，礼为大，非礼无以节事天地之神也，非礼无以辨君臣上下长幼之位也，非礼无以别男女父子兄弟之亲、婚姻疏数之交也。”

以上“权力”的大小划分是儒家礼文化的外在表现，为等级观念的滋生和成型提供了温床，为韩国语敬语法外在语言表现形式披上了文明的外衣。这种以政治权力为中心的在社会地位上尊尊、亲亲的尊卑观辐射开来，衍生出了对德高学修者、贤能者的尊崇，也扩展到对多金者（占有大量金钱、财富的人）的尊崇与羡慕。这就是儒家学说中的“分”所推崇的力效果。这种“力”就是我们所称的“权力”和“权利”的游离。

儒家伦理思想以“仁”为本，如果过度强调“分”，会使人与人之间的“权力”关系倾斜以至于失衡。为此，儒家之“礼”又推出了另一面调和的旗帜：让，为“礼”服务。这正是儒家伦理提倡的“贬己尊人、克己复礼”的交际原则，通过外在的自谦语的表达来体现。《礼记·曲礼》云：“夫礼者，自卑而尊人。”这样的文化导引之下，即便是帝王官宦、贤能老者，也往往谦以待人，韩国语的敬语词和敬语法的涌现，无不与“让”文化息息相关。从维护等级秩序的角度来看，礼之“让”是“分”的补充，二者相辅相成，共同维护和巩固等级统治的秩序。“让”如果仅仅停留在正面教化的层面，对有些人构不成威慑作用，仍然不能最大限度满足稳固等级秩序的需求，于是，“让”被引导成了讳“傲文化”，若仅受人之“敬”而不知自谦，就会犯“傲”的忌讳，只有敬人的同时谦己、扬人的同时抑己，才能“受益”无限。儒文化制约下的“讳傲谦己”交际原则更深地禁锢着人们的思想，使得人们自觉主动地进行谦让。此外，由“让”文化延伸出的谦文化又被引导为与人们的修养息息相关，进而从另外一个角度禁锢人们的思想。中央集权制度下的儒文化倡导用“礼”和“让”的合乎情理的外衣来掩护不合理的“权力”分割本质。

韩国儒家文化作为驱动力推动着韩国语敬语的发展，而在儒家文化的传承中，一些外文化的侵入给韩国儒家传统文化又注入了新的活力。

三　佛教和基督教与“驱动力”因素

佛教晚于儒学传入朝鲜半岛。佛教在印度产生和发展，传入中国，并与之高度发展的文化融为一体后，进入韩国。佛教从三国、统一新罗到高丽时代这1000年间，一直在其意识形态领域占据统治地位。尽管如此，在政治法度、文化教育以及生活习俗等方面所遵循的却都是儒学原则，佛学只是镇护国家的精神支柱。佛教最初被传入韩国的时候被作为驱灾招富的手段，与氏族神、国土神和鬼神等同等看待，与当时韩民族根深蒂固的思想信仰相融合，具有很大的包容性。韩国高丽时期，常常受到中国辽国、女真国、蒙古国的侵略，常常处于内忧外患的境地。为了抗拒外敌的侵略，统治者试图借用超脱自然的外在“佛力”来打退侵略军。因此，佛教在当时具有较强的国家意识和军事性特点。据说战场上的“临战不退”就是圆光法师的教导。① 韩国将佛教也视为一种信仰，在人们意识中佛的法力无边，有通天之效。人们拜佛，其实是拜“佛力”。关于这种崇拜现象在韩国《标准国语大辞典》中收录的佛教敬语词②中得到了验证。人们迷信佛教，用佛教宣扬的《八关斋经》中记录的“不杀生、不盗窃、不邪淫、不妄语、不饮酒、不犯斋、不焚高好床坐、不习歌舞，亦不着纹饰、香熏涂身”等伦理，用“礼”行为来约束自己，倡导止恶修善的德行。佛教的传承模式和儒家文化类同，被统治阶级所利用，是祭政一致的传统继承。③ 佛教中的人事制度中，也提倡“分”，即通过僧科考试获得不同的阶位，如禅宗的法阶有大选、大德、大师、重

① 金京振:《中韩宗教思想比较研究》，中央民族大学出版社2010年版，第214页。

② “신도 (神道), 아난-존자 (阿難尊者) 양족-존 (兩足尊)、의왕 02 (醫王), 인존 (人尊) 무상-존 (無上尊) 법주 01 (法主)、여리-사 (如理師)、염마-법왕 (閻魔法王)、예하 02 (猊下)、자재-왕 (自在王)、종사 03 (宗師)、진의 03 (眞儀)、헌호 (軒號)、혜명 (慧命)、화상 04 (和尙)、강백 02 (講伯)、강사 04 (講師)、선실 03 (禪室)、초반 02 (草饭)、각령 03 (覺靈)、불보 (佛寶)、불천 02 (佛天)、구수 14 (具壽)、상인 01 (上人)、기주 04 (記主)、석가-세존 (釋迦世尊)、교주 06 (教主).”

③ 新罗에서는 公认과 더불어 祭政一致의 传统이 강한统治형태에 受容되어 王이 곧 佛教의 首长으로 王과 王后의 号称을 佛教式으로 바꾸고 政教一致의 형태를 보였다. 金哲埈, “新罗下代社会의 Dual Oraganization (下)” 历史学报 2, 1952.

大师、三重大师、禅师、大禅师；教宗的法阶有大选、大德、大师、重大师、三重大师、首座、僧统。[①]“权力划分”在佛教文化中的体现和儒家文化的本质“分”思想相吻合，顺应了统治阶级的利益需求。于是，佛教被儒家文化所兼容而共同协调发展。

韩国进入近代时期，社会动荡不安，儒学、佛教、道教等对民众的不安全感都未能开出有效的药方。而基督教正好为反对政治压迫提供了一种更加可靠的信念和制度基础，从社会转型的角度看，它促进了平等的观念和对于独立于国家之外的某种权威的尊重，提倡人人平等，反对俗世权威。在日本占领时期，基督教作为一种净胜动力，不断地鼓舞着朝鲜人民反抗压迫、追求民族独立和解放。除此之外，基督学说对韩国传统儒家学说即“按等级划分，妇女毫无社会权利，儿女完全服从父母，个人权利必须由社会制度规定”等原则提出了挑战，认为上帝面前人人平等。二战后，西方文化特别是美国的价值体系全方位地冲击了韩国，基督教在韩国迅猛发展，基督教精神成了新的整合力量。但是这种异质文化的全方位冲击并没有改变原有的价值体系基础，儒家的权威主义、名分主义价值倾向依然是韩国社会基本价值体系的主流。韩国近现代时期，在推行权威主义的家族企业中，鲜明的“分”力高涨。企业内部上、下等级分明，下级服从上级，形成以权威为核心的向心力。这种向心力把内部力量凝聚起来，形成一股凝聚力，坚不可摧。推行权威主义的政治体制在经济力量的推动下，也展开了自上而下的全民总动员运动，使国民经济得到超常规的发展，推动现代化进程，使得韩国在 20 世纪八九十年代，突飞猛越成为“亚洲四小龙”之一。这种“分”力得到政治上的认可，促进了经济的发展，因此深入民心，成为韩国传统精神中枢，被传承和发展。这种“分”力，打出“仁”的旗帜，采用“礼”和

---

① 許興植，“高麗時代의 僧科制度와 그 機能” 韩国史研究 11，1975.

“让”的形式，对外宽容地接受外来文化，将基督教精神和儒家精神相融合，兼收并蓄；对内用敬谦语和敬谦礼仪来规约人们的语言和行为方式。这正是韩国儒家文化在外来文化的侵蚀下，依然具有持久力，也是韩国语敬语经久不衰的内在动因。

随着社会变迁，具有韩国特色的儒学“分”思想，在各种外力的影响下，逐渐丧失了过去灿烂的业绩和影响力，但是这种通“礼”的“分”思想，不会仅仅因为时代性的制约而终结，因为它包含着永恒的真理，它以超时代的精神为依据，从意识内涵到外在行为和社会结构等各个方面，发挥其恒常的影响，以崭新的精神在放射光芒。

韩民族的敬语使用的驱动力起源于对“超自然力”的崇拜，这种“超自然力”最初是一种巫术学说，后来，随着私有制产生，被儒学名分说解释为“分力（分思想）”；随着私有制的消亡，又日渐被整合为通达“礼”和“理”的“合力（思想和行为的共同作用）”。这种“驱动力”是政治力，也是经济力，更是精神力；这种“驱动力”体现一种“礼”：巫术礼，行为礼，话语礼；这种“驱动力”内涵一种“理”：儒学理、宗教理、科学理。韩国语敬语法正是在这种“驱动力”作用下形成、发展。这种“驱动力”具有时代特征，不同时期，“驱动力”的内涵也有差异。韩国语敬语法受这种“驱动力”的制约，又通过“礼”行为来表现。因此，不同内涵下的“驱动力”作用，所表现的“礼”行为规范和敬语形式也存在着差异。这种“驱动力”是政治力和经济力的表现形式，因此，体现这种“驱动力”的韩国语敬语表现形式随着历史环境的变迁和话语环境的改变在不断地发生变化。鉴于此，当我们对韩国语敬语法进行分析的时候，首先要对作用于敬语的“驱动力”进行探讨和研究。

结　语

本书从韩国语敬语词和儒家礼文化的辩证关系角度出发，立足于韩国语的本体研究，从静态共时和动态历时两个层面对韩国语敬语词作了较为全面、详尽的考察和分析。分析的内容包括韩国语敬语词与儒家礼文化的渊源关系、韩国语敬语词与儒家礼文化的传播关系、韩国语敬语词与儒家礼文化的传承关系、韩国语敬语词与儒家礼文化的互动关系。静态分析侧重于韩国语敬语词的构词特征和语用特点，包括韩国语敬语词和敬语法的互动关系，韩国语敬语词和儒家礼文化的互动关系；动态分析侧重于韩国语敬语词的发展源流及与儒家礼文化的传播、传承和互动关系。

一　韩国语敬语词与儒家礼文化的渊源关系

依据韩国语黏着语的特征，对韩国语敬语词进行分类可将韩国语敬语词分成形态标记性敬语词和非形态标记性敬语词。其中，韩国语形态标记性敬语词多由敬谦语素与词根合成。中韩跨文化交流过程中，通过语言的接触，大量的汉语敬谦辞和汉字敬谦语素被借用到韩国语中，使得汉字敬语词占主导地位，在语义上和汉语有着千丝万缕的联系。语言是文化的一部分，反映文化，它不仅包含着该民族的历史和文化背景，而且蕴藏着该民族对人生的看法、生活方式和思维方式。语言与文化互相影响，互相作用；理解语言必须了解文化，理解文化必须了解语言。本书运用历史分析法将韩国敬语词的萌芽和儒家礼文化的产生期，韩国敬语词的繁荣和儒家礼文化的兴盛期，韩国敬语词的发展和儒家礼文化的缓冲期联系起来，分析和解释了韩国语敬语词和儒家礼文化的渊源关系。

二　韩国语敬语词与儒家礼文化的传播关系

文字的传播与发展有着鲜明的文化烙印，汉字是“空间型”的表意体系文字，这些真切地反映了汉式直觉具象思维的汉字被韩国借用之后，具象思维模式在韩国也开始生根发芽。具象思维就是从直接感受和体验出发，运用形象和联想，根据事物的相似或相近进行一种类比的推理，中韩同形同义敬语词“형처（荆妻）、형부（荆妇）、춘훤（椿萱/春萱）”，同形异义敬语词“삼촌（三寸）”，异形同义敬语词和同形异义敬语词“자당（慈堂），대방（大房）”和“서방님”，同形同义敬语词“家豚（가돈）/豚儿（돈아）”，异形同义敬语词“영보（令抱）”，正是人们通过对自然空间的感知，运用形象和联想，将事物如植物、丈量单位、建筑、动物、动作的相似或相近进行类比推理，并将其隐喻到社会空间的结果。大和小，本是一对与容积和体积相关的量空间概念。人们在实践过程中将这种自然空间体验感知和儒文化的核心“分”思想即“分阶级、分等级、分男女、分贵贱、分长幼”相结合，用自然空间维度中的体积大、小隐喻社会空间文化的地位高、低；用数量上的大、小来隐喻身份的贵、贱；用强度上的大、小来隐喻势力的强、弱；用长度上的长、短来隐喻年龄的长、幼。这种空间文化隐喻认知在儒文化贬己尊人的语用原则制约下，将“大”指向对方，将“小”指向自己。

在中韩跨文化交流的过程中，反映儒家思想意识形态的敬语词也屡见不鲜。韩国几千年的封建社会，是一个宗法等级社会。封建的宗法家庭，伦理观念具体体现在韩民族的家庭、亲属称谓

上。这些亲属称谓敬语词蕴含着儒家礼文化中“别”与“和”思想。“别”思想是指“长幼之别、男女之别、内外有别、亲疏之别”。首先，敬语词与长幼之别。韩国语敬语词中，汉字敬语词主要通过汉字敬语素“王、尊、贤”来区分长幼之别，谦语素主要通过“家、舍”区分长幼之别。固有敬语词中通过语素中心词来凸显“父”的主权地位。其次，敬语词与男女有别。根据称呼者和被称呼者的性别或者被称呼者的婚否情况，其敬语词汇的使用有显著的差异。最后，敬语词与内外有别、亲疏有别。儒家文化注重血亲关系，对离自己较近的人不用敬语，对离自己较远的人使用敬语词。“和”思想是指与人为善。古代儒家的一个重要共识，要在“别”与“和”之间达成平衡，最终在不同等级中实现敬畏与亲和平衡。在这种思想指导下，产生了与善相联系的汉字敬语素“令”，在表示对他人尊敬时，几乎用于所有的亲属称谓。使用过程中逐渐被表敬词缀“님”所取代。除此之外，儒家礼文化传播过程中，“天人合一”思想感召下的韩民族之魂——“自主性、创造性、协同性、和平性、抵抗性”在“우리”一词的语用中得以体现，该词与中国传统儒家文化有着割不断的“情缘”，在本民族文化推动的外力和语言（敬语法）制约的内力作用下，体现着韩民族的“团结、集体主义感强、彬彬有礼、勇于创新”的精神。

三　韩国语敬语词与儒家礼文化的传承关系

随着社会的变迁，一些反映当时历史文化背景的敬语词已经被历史淘汰。现代韩国语常用词汇表中，带敬、谦语素的敬语词已经很少使用。究其原因主要在于其所赖以生存的文化和社会制度的消失，如“皇室制度的消亡、社会制度的变迁，具体职官职位的消失和现代化、国际化及语言的简洁化、潮流化”。

韩国语的敬语词不只是由汉源汉字敬语词构成，还包括民族本土化的汉字敬语词和韩国固有词汇。为了弘扬韩民族文化，统治者主观上弃用汉字启用韩文，遏制汉字词的使用，普及韩国固有词汇，最明显的就是针对汉字所颁布的政策。这些均受韩国固有社会政策制度的影响，也是现代韩国汉字敬语词减少的一个重要因素。本书从历史层面，以高丽大学统计出的《现代国语常用词汇表》为依据，对韩国语高频度汉字敬语词“先生”和“两班”做了考察和分析。分析显示：“两班”作为尊称范畴使用以来，最早是指“具有官职的文、武两班”，后来敬称那些有儒学涵养、学识丰富并且具有官职的儒学人士。“两班”在朝鲜时代还可以被称之为“士大夫、士族、士类、士林、公、卿”。其显著义素特征凸显为“[+官职]、[+身份]”。“两班”的尊称范畴，植根于封建等级社会制度，在某种程度上可以说是封建等级社会不平等的“代名词”，诸如“地位的不平等，身份的不平等，财富的不平等，性别的不平等，受教育的不平等”。这些诸多不平等源自封建等级社会制度规约下，经济、政治不平等所带来的思想意识形态上的不平等，这种思想意识形态的不平等就是指儒家传统礼文化“分”思想。随着社会的发展，社会体制的变迁，当“两班”一词所赖以生存的等级文化土壤遭到破坏时，其语义特征的平衡状态也会被打破，完成了一个从成词语素到词缀化语素的转变。

韩国语称谓敬语“先生”的词义非范畴化是一个动态的、不断变化的认知过程。该过程中，韩国语汉字借用词“선생(先生)”的表敬色彩之所以得以保持，其语义特征与汉语“先生”之所以会产生差异，主要归因于韩国所固有的社会体制、政治体制、社会民俗、人们的价值观等外在因素的影响和其固有的文字特点、语言特征等内在因素的制约。分析还得知：儒家礼文化传承下来的道德、礼仪、习惯已经融入韩民族的生活中。随着时代的发展，某个历史背景下所产生的敬语词由于历史和礼文化的变迁已不再使用，阶称的标准也有所变化。但是，由于韩国社会对儒家文化的推崇，成均馆大学的儒学教育制度逐渐完善，加之韩国儒教学

会、孔子学会、礼学会，及众多的东洋文化、东洋哲学、东洋思想研究会、所、院等的成立，使得韩国的儒家文化继承与发展更趋于组织化、体系化、现代化、大众化。反映儒家礼文化的敬语词和敬谦行为也更趋于标准化和规范化。

四　韩国语敬语词与儒家礼文化的互动关系

韩国语敬语法以遵循儒家文化法则为前提，儒家文化法则又是通过一定的文法表现出来。儒文化的法则是相对不变量，社会发展进程中的多元文化表现形式是自变量，韩国语敬语法会随着自变量的变化而变化，而自变量和相对不变量是内隐和外显的关系。

韩国语敬语词的使用离不开文化的内在驱动力，这种文化驱动力最初起源于对“超自然力”的崇拜。后来，随着私有制产生，被儒学名分说解释为“分力（分阶级、分男女、分尊卑、分长幼、分贫富）”。随着私有制的消亡，又日渐被整合为通达“礼”和“理”的“合力（儒家传统思想和行为规范的共同作用）”。这种“力”因素为统治阶级服务，促进经济的发展，文化的繁荣，某种程度上可以说是政治力，也是经济力，更是精神力。这种“力”因素是儒家思想意识形态制约下的行为规范，体现一种“礼”，内涵一种“理”。韩国语敬语法正是在这种“力”因素作用下，产生、发展、繁荣。这种“力”因素，具有时代特征，不同时期，“力”因素的内涵也有差异。因此，体现这种“力”因素的韩国语敬语表现形式随着历史环境的变迁和话语环境的改变在不断地发生变化。

参考文献

一　中文文献

（一）论著

［1］班固:《白虎通义·宗族》，商务印书馆 1936 年版。

［2］崔顺喜:《韩国语词汇教育研究》，民族出版社 2007 年版。

［3］冯广艺:《语用原则论》，暨南大学出版社 2009 年版。

［4］郭齐勇:《中国儒学之精神》，复旦大学出版社 2009 年版。

［5］黄浿江:《朝鲜王朝小说研究》，韩国研究院出版社 1978 年版。

［6］金炫兑:《交际称谓语和委婉语》，台海出版社 2002 年版。

［7］金京振:《中韩宗教思想比较研究》，中央民族大学出版社 2010 年版。

［8］金光日:《韩国传统文化精神分析——神话、巫俗、宗教体验》，教文社 1991 年版。

［9］廉光虎、池水涌:《韩国语敬语形式的研究》，辽宁民族出版社 2003 年版。

［10］李晓东:《中国封建家礼》，陕西人民出版社 2002 年版。

［11］刘宏丽:《现代汉语敬谦辞》，语言文化大学出版社 2001

年版。

［12］龙又珍：《现代汉语寒暄系统研究》，中国社会科学出版社 2011 年版。

［13］田惠刚：《中西人际称谓系统》，外语教学与研究出版社 1998 年版。

［14］许慎：《说文解字》，中华书局 2004 年版。

［15］王玉德：《文化学》，云南大学出版社 2006 年版。

［16］杨天宇：《礼记译注》，上海古籍出版社 2004 年版。

［17］张公瑾：《文化语言学发凡》，云南大学出版社 1998 年版。

（二）论文

［1］崔永模：《浅谈韩国语敬语系统》，《山东教育学院学报》2001 年第 5 期。

［2］崔文婷：《韩中敬语法对比研究》，硕士学位论文，延边大学，2010 年。

［3］陈赟：《中国礼文化背景中的文体尊卑论》，《广东技术师范学院学报》2013 年第 2 期。

［4］陈静薇：《汉语日语中称谓语“先生”的用法比较》，《安徽文学说文解字》2008 年第 9 期。

［5］陈翠珠：《汉语人称代词考论》，博士学位论文，华中师范大学，2010 年。

［6］陈惠：《“先生”称谓研究》，硕士学位论文，武汉大学，2005 年。

［7］杜晓田：《基督教传入韩国对儒学传播的影响》，《科技信息》2012 年第 32 期。

［8］葛桦：《“天人合一”思想的当代价值》，《深圳职业技术学院学报》2012 年第 4 期。

［9］顾日国：《礼貌、语用与文化》，《外语教学与研究》1992

年第 4 期。

[10] 郭圣林:《“NP+我”与“我+NP”的语用考察》,《南京师大学报》(社会科学版) 2007 年第 4 期。

[11] 韩慧:《中日敬语比较》,《广西师范学院学报》1999 年第 1 期。

[12] 洪波、意西微萨·阿错:《汉语与周边语言的接触类型研究》,《南开语言学刊》2007 年第 1 期。

[13] 姜德军、道尔吉:《汉语社交称谓语“先生”的古今嬗变》,《内蒙古社会科学》2004 年第 6 期。

[14] 金花玉:《朝鲜语亲属称谓结构分析》,硕士学位论文,中央民族大学,2001 年。

[15] 金青龙:《韩国语敬语法词汇现状小议》,硕士学位论文,中央民族大学,2007 年。

[16] 刘超班:《中国上古敬语的形成因素》,《中国联合大学学报》1999 年第 4 期。

[17] 刘超班:《古代汉语表敬语素的特点及其类型》,《湖北师范学院学报》1999 年第 3 期。

[18] 刘宏丽:《中国传统礼文化与敬谦语传播关系研究》,《河南大学学报》2010 年第 9 期。

[19] 刘宏丽:《敬谦辞浮沉与文化变迁》,《宁夏社会科学》2007 年第 1 期。

[20] 刘宏丽:《明清敬谦语的空间文化思维走势》,《山东大学学报》2010 年第 6 期。

[21] 刘志东:《论儒家文化对韩国崛起的影响》,《辽宁大学学报》2000 年第 4 期。

[22] 刘婷:《从中英“上/下”隐喻拓展区别看民族时间取向观》,《考试周刊》2009 年第 36 期。

[23] 林存文、李春:《儒家文化对韩国贸易的影响探析》,

《经济研究导刊》2007年第3期。

[24] 李峻锷:《“称谓录”及其作者梁章钜——兼论中国古代的称谓体系》,《上海师范大学学报》1991年第2期。

[25] 李中复、郑素洁:《日本语中“先生”用法分析》,《辽宁工学院学报》2002年第4期。

[26] 李冬香:《古汉语谦敬称谓词类的词性探讨》,《广东技术师范学院学报》2003年第3期。

[27] 娄陈炎、张艳华:《家族血缘关系在中国文化中的作用》,《中国社会科学文摘》2004年第3期。

[28] 娄立志:《试论儒文化的基本特征》,《济宁师专学报》1999年第2期。

[29] 孟鸥:《中国古代思想世界中的具象思维传统》,《青岛大学师范学院学报》2009年第4期。

[30] 马俊波:《社会文化理论及二语习得研究的社会文化视角》,《天津外国语学院学报》2008年第3期。

[31] 朴钟锦:《韩国交际敬语法及文化内涵》,《北京第二外国语学院学报》1998年第6期。

[32] 潘畅和、孙丽:《古代朝鲜的“两班”及其文化特点》,《韩国研究论丛》2009年第1期。

[33] 齐晓峰:《汉韩亲属称谓语对比研究》,硕士学位论文,中央民族大学,2004年。

[34] 任裕海:《称呼模式的跨文化研究》,《南京师大学报》2000年第5期。

[35] 邵丽英:《汉语的职衔称谓与汉民族的文化思想》,《济南大学学报》2011年第3期。

[36] 宋征宇:《韩国佛教本土化之管窥》,硕士学位论文,延边大学,2006年。

[37] 王珏:《古汉语委婉语的等级色彩》,《洛阳解放军外国

语学院学报》1995 年第 1 期。

［38］王祥俊、周建国:《儒家文化的功利理性探析——透视儒家文化的新视界》,《桂林市教育学院学报》1999 年第 3 期。

［39］王克婴:《论儒文化的盛世伦理特征》,《前沿》2005 年第 3 期。

［40］王慧:《“春香传”的文化人类学解读》，博士学位论文，中央民族大学，2007 年。

［41］萧俊明:《文化与社会结构——文化概念解读之二(上)》,《国外社会科学》1999 年第 4 期。

［42］萧俊明:《文化与社会结构——文化概念解读之二(下)》,《国外社会科学》1999 年第 5 期。

［43］许春花:《儒文化对韩国经济的影响》,《安顺学院学报》2010 年第 4 期。

［44］姚伟钧:《宗法制度的兴亡及其对中国社会的影响》,《华中师范大学学报》2002 年第 3 期。

［45］杨启光:《试论汉字和汉民族的具象思维方式》,《汉字文化》1997 年第 4 期。

［46］杨彬:《词汇语义学理论评介》,《山东外语教学》2011 年第 4 期。

［47］杨群艳:《汉字“大”的隐喻认知分析及英译》,《河南广播电视大学学报》2011 年第 4 期。

［48］袁洁、左广平:《称谓语“先生”的历史演变及文化解析》,《青年文学家》，2009 年第 19 期。

［49］诸同镐:《汉语韩语中敬语和表尊敬代词的比较》,《陕西师范大学学报》2004 年第 1 期。

［50］朱英贵:《汉语谦词的语用分类和语族分类》,《成都大学学报》2006 年第 3 期。

［51］张微:《社交称谓语“先生”的泛化》,《语言应用研究》

2009 年第 4 期。

[52] 张卫中:《春秋时期的祭祀与政治传播》,《浙江大学学报》2003 年第 5 期。

[53] 张诚:《略论殷商时代的社会意识》,《河南师范大学学报》1991 年第 3 期。

[54] 张翌茄、拟华伟、张红帅:《儒学对韩国传统婚礼的影响》,《网络财富·文化研究》2010 年第 15 期。

[55] 张微:《社交称谓语“先生”的泛化》,《语言应用研究》2009 年第 4 期。

[56] 赵红梅:《汉语方言词汇语义比较研究》,博士学位论文,山东大学,2006 年。

二 韩文文献

(一) 论著

[1] 姜宪圭,『韓國語語源研究史』,韩国集文堂,1988.

[2] 金钟埙、金泰琨、朴英燮,『隐语卑俗语职业语』,韩国集文堂,1985.

[3] 金钟埙,『国语敬语法研究』,韩国집문당,1845.

[4] 姜宪圭,『韓國語語源研究史』,韩国集文堂,1988.

[5] 金钟埙、金泰琨、朴英燮,『隐语卑俗语职业语』,韩国集文堂,1985.

[6] 金钟埙,『国语敬语法研究』,韩国집문당,1845.

[7] 东義大学校教养国语编纂委员会编,『国语와生活』,한국학역사,1994.

[8] 徐廷范,『语源别曲』,韩国汎潮社,1986.

[9] 宋宰鏞,『韩国仪礼의研究』,韩国도서출판박문사,2010.

[10] 李仁燮,『国语学资料论文集第二辑形态论敬语研究

（一）』，韩国大提阁，1981.

［11］李相泽，『韩国古典小说의探究』，韩国中央出版社，1981.

［12］李基白、李乙浩等，『韩国思想深层研究』，韩国도서출판（宇石），1982.

［13］李圭昌，『国语尊待法论』，韩国集文堂，1992.

［14］李乙焕、李庸周，『国语意味论』，首都出版社 1964 年版。

［15］赵恒範，『国语语源研究概说（1910—1930 년대）』，韩国太学社，1994.

［16］崔昌烈，『우리말语源研究』，韩国一志社，1986.

［17］千素英，『古代国语의语义研究』，韩国高丽大学校民族文化研究所，1990.

［18］김홍석，『은어와 우리말의 세계』，한국글누림출판사，2011.

［19］김부석，『삼국사기（이병도 역）』，한국두계학술재단，1999.

［20］김종훈，『國語敬語法研究』，서울集文堂，1984.

［21］강규선，『國語의 敬語法 研究』，서울보고사，1997.

［22］김영희，『한중어휘어의 대조연구』，한국민족출판사，2010.

［23］김태곤，『중세국어 다의어와 어휘변천』，한국：도서출판 박이정，2002.

［24］김기혁，『한국어 연구의 이론과 방법』，한국보고사，2010.

［25］김슬옹，『조선시대의 훈민정음발달사』，한국도서출판，2012.

［26］김선길·김형순，『家礼要约』，한국브리드올딩스 주

식회사, 2012.

[27] 남기심 · 고영근, 『표준국어문법론』, 한국탑출판사, 1993.

[28] 남미정, 『근대국어 청자경어법 연구』, 파주: 태학사, 2011.

[29] 서덕현, 『경어법과 국어교육 연구』, 서울국학자료원, 1996.

[30] 신현숙, 『한국어현상-의미분석』, 한국상명여자대학교출판사, 1994.

[31] 심재기 · 조항범, 『국어어휘론 개설』, 한국: 자식과교양 출판, 2010.

[32] 성기철, 『한국어대우법과 한국어교육』, 한국글누림출판사, 2007.

[33] 이경우, 『최근세국어 경어법 연구』, 서울태학사, 1998.

[34] 이정복, 『국어경어법 사용의 전략적』, 서울태학사, 2001.

[35] 이정복, 『대통령 연설문의 경어법 분석』, 한국배달말, 2003.

[36] 이광호, 『의미분석론』, 한국도서출판 역락, 2009.

[37] 임홍빈 · 장소원, 『국어문법론 · 1』, 방송통신대 출판부, 1995.

[38] 이정복, 『국어 경어법과 사회언어학』, 한국도서출판, 2002.

[39] 이덕춘, 『조선어 어휘사』, 한국도서출판 박이정, 1996.

[40] 조령춘, 『춘향전』, 문예출판사 조선고전문학선집(제 30 권), 2000.

［41］장신항，『오늘 날의 국어생활』박이정 도서출판，2007.

［42］허상희，『한국어 공손표현의 화용론적 연구』，서울소통，2012.

［43］한영우，『조선왕조 의궤（儀軌）（국가의례와 그 기록）』，서울일지사，2005.

［44］황문환，『16，17 世紀諺簡의 相對敬語法』，서울태학사，2003.

（二）论文

［1］金容汉，"《三国史记》列传의代名词研究（1）-人称代名词를中心으로"，『嶠南汉文学』第四辑，1992.

［2］金容汉，"《高丽史》列传의一人称代名词研究（1）-平称词를中心으로"，『汉文学研究』第 17 辑，2003.

［3］金哲埈，"新罗下代社会의 Dual Oraganization（下）"，『历史学报 2』，1952.

［4］朴贞爱，"韩国汉字语与中国现代汉语词汇对比研究"，『중국어문논역총간 18』，2006.

［5］朴美賢，"日本書紀の一人称代名詞について-「吾」「我」の使い分けを中心に"，『일본근대학연구』제 15 집，2007.

［6］許興植，"高麗時代의僧科制度와 그機能"，『韩国史研究 11』，1975.

［7］許興植，"高麗時代의 國師・王師制度와 그 機能"，『歷史學報』第六十七集，1975.

［8］李仁燮，"国语学资料论文集第二辑形态论敬语研究（一）"，『国学资料刊行委员会编』，1981.

［9］禹仁秀，"17 세기 山林의 進出과 機能"，『歷史教育』，論集 5，1983.

［10］張滰互，"유가 예교의 기원-제사와 예속"，『교육사학

연구』 제 14 권, 2004.

[11] 赵恒範, "国语亲族称呼语의 通时的考察- [祖父], [祖母] 称呼语를 中心으로", 『同德語文論輯』 第 5 輯, 1987.

[12] 胡维茜, "한국어 호칭어의 교육 방안에 관한 연구" 석사학위논문, 중안대학교 대학원, 2012.

[13] 김지연, "표준 화법 개정을 위한 가정에서의 호칭어, 지칭어 조사 연구", 『화법연구』, 2010.

[14] 김경희, "경어법 형식의 선택 요인과 대인 커뮤티케이션", 『국문학논집』, 2005.

[15] 김정남, "한국어 담화 교육을 위한 논의 -한국어 경어법 관련 표현을 중심으로", 『한국어 교육』, 2008.

[16] 김경희, "경어법과 대인 커뮤티케이션 (1) -대학생들의 의식 조사를 바탕으로", 『국문학논집』, 2003.

[17] 김재민, "압존법을 통하여 본 경어법의 변화 연구", 『언어학』, 2004.

[18] 김향규, "국어경어법연구", 『동양학』, 1975.

[19] 김선희, "한국어와 중국 조선어의 대우법 양상 비교", 『경상어문』 제 19 집, 2013.

[20] 김형철, "3 인칭 대명사에 관하여-'더', ' 그' 를 중심으로", 『문학과 언어』, 1981.

[21] 김형철, "인칭대명사 '저' 에 대하여", 『문학과 언어』, 1983.

[22] 김용한, " 『고려사』 열전의 일인칭대명사 연구 (2)", 『한자한문교육』 12 권, 2004.

[23] 김중진, "全北高敞地域語의 敬語法研究", 학위논문 (석사), 전북대학교, 1976.

[24] 남지대, "조선초기의 경연제도-세종, 문종년간을 중심으로", 『한국사론 6』, 1980.

[25] 남미정, “근대국어 청자경어법의 형태원리와 체계”, 『시학과 언어학』, 2007.

[26] 백두현, “舊譯仁王經釋讀口訣의 경어법”, 『口訣研究』第5輯, 1999.

[27] 박혜경, “TV 시사토론 (時事討論) 프로그램 참여자의 연령별 경어법 사용 양상”, 『국어교육학연구』, 2006.

[28] 박진완, “첩해신어’ 경어법의 대조언어학적 고찰 - 원간본을 대상으로”, 『한국어학』, 2000 년.

[29] 박성일, “한국어교재에서 경어법 제시 방식에 대한 비교 분석 - 중국어판 교재를 중심으로”, 『한중인문학연구』, 2011.

[30] 박성일, “전자우편에 나타난 중국인 학습자의 경어법 실현 요소에 대한 경향성 분석”, 『국어교육연구』, 2010.

[31] 박경래, “중국 연변 정암촌 방언의 상대경어법”, 『이중언어학』, 2003.

[32] 박찬옥, “조희진. 언어예절에서 경어사용에 관한 연구”, 『한국여성교양학회지』 제 8 집, 2001.

[33] 박성일, “전자우편에 나타난 중국인 학습자의 경어법 실현 요소에 대한 경향성 분석”, 『국어교육연구』, 2010.

[34] 박은하, “드라마에 나타난 호칭어 및 높임법 사용 양상 연구”, 『드라마연구』, 2010.

[35] 박영순, “상대높임법의 사회언어학”, 『어문논집 34』, 1995.

[36] 박상천, “한국어 호칭 교육 방안 연구” 석사논문, 경희대학교 교육대학원, 2004.

[37] 박영한, “三国遗事代名词研究: 人称代名词를中心으로” 석사논문, 영남대학교, 1998 년.

[38] 배영기, “한국사상과 사회윤리”, 『 한국학술정

보』, 2007.

[39] 서덕현, “학교문법의 경업법 기술 (1) -주체경어법을 중심으로”,『국어교육학연구』, 1992.

[40] 서덕현, “학교문법의 경어법 기술 (4) -경어법의 복수어휘를 중심으로”,『국어교육학연구』, 1995.

[41] 서덕현, “학교문법의 경어법 기술 (2) -상대경어법을 중심으로”,『국어교육학연구』, 1993.

[42] 서덕현, “학교문법의 경어법 기술 (3) -객체 경어법을 중심으로”,『국어교육학연구』, 1995.

[43] 서종학, 김수정, “국어 대명사의 체계화 재고”,『인문연구』65 권, 2012.

[44] 손춘섭, “한국어 호칭어의 교육 방안에 대한 연구” 석사논문, 광신대학교, 2010.

[45] 순춘섭, “현대국어 호칭어의 유형과 특성에 대한 연구”.『한국어의미학』, 2010.

[46] 신성우, “한국사상의 근원과 홍익인간이념”,『홍익인간』, 1980.

[47] 이래호, “선어말 어미‘-시-’의 청자 존대 기능에 대한 고찰”,『언어학연구』제 23 호, 2012.

[48] 임동훈, “현대국어 경어법의 체계”,『國語學』제 47 집, 2006.

[49] 이정복, “국어 경어법에 대한 사회언어학적 접근”,『國語學』제 47 집, 2006.

[50] 이주행, “한국어 청자 경어법의 교육 방안에 관한 고찰”,『국어교육』, 2006.

[51] 이정복, “인터넷 통신 언어 경어법의 특성과 사용 전략”『언어과학연구』, 2004.

[52] 이정복, “‘힘’과‘거리’요인에 따른 탈춤 대사의 경

어법 연구”『우리말연구』, 2006.

[53] 이경우, “국어 경어법 변화에 대한 연구 (2)”, 『한말연구』, 2008.

[54] 이경우, “국어 경어법 변화에 대한 연구 (1)”, 『국어교육』, 2003.

[55] 이정복, “복수 인물에 대한 경어법 사용 연구”, 『어문학 통권』 제 74 호, 2001.

[56] 이정복, “제 3 자 경어법 사용에 나타난 참여자 효과 연구”, 『國語學』 제 24 집, 1994.

[57] 이경우, “19 세기 후기 경어법 연구 – 춘향전을 중심으로 ”, 『국어교육』, 1998 년.

[58] 이숭녕, “경어법 (敬語法) 연구”, 『진단학보』, 1964.

[59] 이경우, “현대국어 경어법의 사회언어학적 연구 (3)”, 『국어교육』, 2004.

[60] 이정복, “청소년들의 경어법 사용 실태 분석 –대구 지역 고등학생을 대상으로”, 『한국어학』, 2006.

[61] 이장희, “<사씨남정기>로 본 호지칭어의 선택기제와 가족의식”, 『영남학』, 2009.

[62] 이승민, 이순형, “선생님 호칭 사용에 관한 한일대조 연구”, 『언어과학연구』 59 권, 2011.

[63] 이정복, “청소년들의 경어법 사용 실태 분석–대구지역 고등학생을 대상으로”, 『한국어학』, 2006.

[64] 이정복, “한국어 경어법의 기능과 사용 원리”, 『소통 등록』 제 317–2007–51 호, 2012.

[65] 이정복, “한국어 경어법, 힘과 거리의 미학”, 『소통 등록』 제 317–2007–51 호, 2008.

[66] 이한규, “한국어 대명사‘우리’”, 『담화와 인지』 제

14 권 3 호, 2007.

[67] 양영희, “중세국어 시기 설정에 대한 단상-존대법과 인칭대명사를 중심으로”,『한말연구』19 권, 2006.

[68] 양영희, 송경안, “당신의 변화 양상고찰”,『언어과학연구』, 2009.

[69] 유송영, “국어 청자 대우법에서의 힘 (power) 과 유대 (solidarity) (1) -불특정 청자 대우를 중심으로”,『국어학 24』, 1994.

[70] 원운하, “현대 한·중 사회호칭어 대조연구”, 석사논문, 전남대학교대학원 국어국문학과, 2008.

[71] 장요한, “19 세기 국어 경어법의 체계에 대하여-기능과 통합 관계를 중심으로”,『언어와 정보』, 2003.

[72] 정길남, “개화기 교과서의 존대법 연구”,『한국어문학연구』제 42 집, 2004.

[73] 정애란, “군산지역의 경어법 연구”,『성심어문논집』, 1997.

[74] 정달영, “한국어의 친족호칭어와 지칭어에 관한 연구”,『한민족문화연구』, 1999.

[75] 정영훈, 김인회, “권성아등 홍익인간 이념연구”,『홍익인간 이념연구』, 1999.

[76] 조남욱, 조윤래, “일제시대의 韓國儒教와 儒教教育”,『한국민족문화 16』, 부산대학교 한국민족문화연구소, 2000.

[77] 최동주, “단수적 상황의‘우리’,‘저희’,‘너희’에 대하여”,『民族文化论』제 42 집, 2009.

[78] 한동완, “제주방언 청자 경어법의 형태 원리”,『어문연구 통권』제 115 권, 2002.

[79] 허상희, “한국어 공손법에 관련된 제문제들”,『韓民族語文學』第 54 輯, 2009.

[80] 홍경란, "한자어 접두파생법 연구" 석사학위논문, 이화여자대학교교육대학 원, 1996.

[81] 황문환, "조선시대 언간 자료의 부부간 호칭과 화계", 『藏書閣』 제 17 집, 2007.

[82] 황문환, "인칭 겸양어 (謙讓語) '저' 의 기원", 『국어학』 21 권, 1991.

[83] 황병순, "일 인칭 대명사 '우리 (들)' 의 의미와 용법", 『배달말 21』, 1996.

(三) 辞书

[1] 국립국어원, 『표준국어대사전』, 두산동아, 1999.

[2] 김미수, 『우리말 語源辭典』, 택하사, 1997.

[3] 김무림, 『한국어어원사전』, 도서출판, 2012.

[4] 编写组编:《古代汉语词典》, 北京商务印书馆出版社 1998 年版。

[5] 徐廷範,《國語語源辭典》, 보고사, 2000.

[6] 서정범, 『국어어원사전』, 서울: 동방미디어, 2002.

[7] 안옥규, 『어원사전』, 둥북조선교육출판사, 1995.

附 录

표1 **[한자어 중심의 친인척 호칭]**

대상자 (칭호)		㉮ 대상자를 부를 때	㉯ 대상자에게 나를 일컬을 때	㉰ 대상자를 남에게 말할 때	㉱ 남의 대상자를 일컬을 때.
부	생	아버지 아버님 편지-父主	자 소자 不肖子 저	家親 嚴親 老親	春府丈 大人 尊堂 어르신 어르신네
	사	(생시와 같음) 축문-顯考	(생시와 같음) 축문-孝子 孤子	先親 先考 先人 先君 돌아가신 아버님	先考丈 先大人 先父君
모	생	어머니 어머님 편지-慈主 母主	(부의 경우와 같음.)	모친 慈親 老母	大夫人 慈堂 滐堂 令堂
	사	(생시와 같음.) 축문-顯軀	(생시와 같음.) 축문-효자 哀子	先軀	先大夫人 先慈堂
조부	생	할아버지 할아버님	손자 小孫 손 不肖孫 불효손	조부 王父	조부장 王大人 王尊丈
	사	(생시와 같음.) 축문-조고 현조고	(생시와 같음.) 축문-효손	조고 王考 선조고 선왕고	왕고장 선왕존장 선왕대인
조모	생	할머니 할머님	(조부의 경우와 같음.)	조모	왕대부인, 존왕대부인
	사	(생시와 같음.) 축문-조비 현조비	(조부의 경우와 같음.)	조비 선조비	선왕대부인

续表

대상자 (칭호)		㉮ 대상자를 부를 때	㉯ 대상자에게 나를 일컬을 때	㉰ 대상자를 남에게 말할 때	㉱ 남의 대상자를 일컬을 때
백부 중부 숙부 계부	생	백부 큰아버지 중부 둘째아버지 숙부 작은아버지 계부 막내아버지	조카 猶子 從子	(㉮와 같음.) 舍伯父 舍仲父 舍叔父 舍季父	伯父丈 중부장 숙부장 계부장 阮丈
	사	(생시와 같음.)	(생시와 같음.)	선 백부 선중부 선숙부 선계부	선백부장 선중부장 선숙부장 선계부장
백모 숙모	생	백모 큰어머니 숙모 작은어머니 (몇째를 붙여 씀.)	(백부 중부 숙부 계부 때와 같음.)	(㉮와 같음.) 사 백모 사숙모	尊伯母 손숙모 尊伯母夫人 존숙모부인
	사	(생시와 같음.)	(생시와 같음.)	선백모 선숙모	선백모부인 선숙모부인
종조부	생	종조부 종조할아버지	종손	종조부 종조할아버지	貴從祖丈
	사	(생시와 같음.)	(생시와 같음.)	先從祖	선종조장
종조모	생	종조모 종조할머니	종손	종조모 종조할머니	귀종조모님
	사	(생시와 같음.)	(생시와 같음.)	선종조모	선종조모님
당숙 (종숙)	생	당숙 종숙 아저씨	당질 종질	鄙堂叔 비종숙	당숙장 종숙장 堂阮丈
	사	(생시와 같음.)	(생시와 같음.)	선당숙 선종숙	선당숙장 선종숙장 선당완장
형	생	형 큰형 작은형 둘째형	아우 동생 舍弟 家弟 몇째 아우 (동생)	舍伯 舍仲 舍兄 家伯 가중 가형	伯氏 백씨장 중씨장 중씨
	사	(생시와 같음.)	(생시와 같음.)	先伯 선형 선중형	先伯氏丈 선중씨장
형수		아주머니 형수씨 (님) 형수	시동생	형수씨	영형수씨

续表

대상자 (칭호)		㉮ 대상자를 부를 때	㉯ 대상자에게 나를 일컬을 때	㉰ 대상자를 남에게 말할 때	㉱ 남의 대상자를 일컬을 때
제	생	아우 동생 사제 가제 舍季	사형 가형	사제 중제 계제 가제 鄙弟	令弟氏 영계씨 賢弟氏 현계씨
	사	亡弟	(생시와 같음.)	망제 망중제 망계	선제씨 선계씨
제수		아주머니 제수씨 계수씨	생 (生)	제수 계수	영제수씨 영계수씨
종형	생	종형 사촌형	종제 (아우)	鄙從伯 비종형 堂伯	令從氏丈 영종백씨장
	사	(생시와 같음.)	(생시와 같음.)	先從伯 선종형	선종씨장 선종백씨장
종제	생	종제 사촌동생 (아우)	종형 형	비종제 堂弟	영종제 영종계씨
	사	(생시와 같음.)	(생시와 같음.)	망종제	선종제씨
자		누님 누나 언니 (여자형제간)	아우 동생	負氏 누님	영자씨
매		누이 동생 ○○어미	오빠	舍妹	영매씨
부 (남편)	생	당신	아내 처 愚妻	남편 그이 바깥양반	令君子 賢君子
	사	(생시와 같음.) 축문 - 顯陽	(생시와 같음.)	亡夫	선영군자
처 (아내)	생	당신 여보 마누라	남편 부 가부	아내 집사람 안사람 內子	閤夫人 영부인
	사	亡室 망처	(생시와 같음.)	망실 망처	고영부인 故賢閤
자		아들 큰애 몇째애 ○○아비 이름	아비 어미	家兒 豚兒 아들애 자식놈	令息 令胤 자제 아드님
여		딸 큰애 몇째애 ○○어미 이름 ○집 (室)	아비 어미	여아 여식 딸애 딸년	令愛 따님

续表

대상자 (칭호)	㉮ 대상자를 부를 때	㉯ 대상자에게 나를 일컬을 때	㉰ 대상자를 남에게 말할 때	㉱ 남의 대상자를 일컬을 때
손자	손자 이름	할아버지 할아비 할머니 할미	손자애 孫兒	영손 令抱
손녀	손녀 이름	할아버지 할아비 할머니 할미	손녀딸 손녀	손녀따님
외조부	외조부 외할아버지	외손	외조부 外王父	외왕대인 외왕존장
외조모	외조모 외할머니	외손	외조모	외왕대부인
외숙부	외숙 외삼촌 외아저씨	甥姪	鄙外叔 비표숙	귀외숙 귀표숙
외숙모	외숙모 표숙모	생질	비외숙모 비표숙모	귀외숙모 귀표숙모
고모	고모 아주머니	舍姪 가질	비고모	귀고모부인
고모부	고모부 姑叔 姻叔	婦姪 姻姪	비고모부	귀고모부장
이모	이모 아주머니	姨姪	비이모	귀이모부인
이모부	이모부 姨叔	이질	비이숙	귀이숙장
장인	장인어른 外舅 聘父 岳父 聘翁	사위 外甥淚	비빙부	귀빙장
장모	장모님 外姑 빙모 악모	사위 외생 서	비빙모	귀빙모부인
외종형	외종형 表從兄 외사촌형	內從弟	비외종형 비표종제	귀외종 귀표종
외종제	외종제 표종제 외사촌동생	내종형	비외종제 비표종제	귀외종 귀표종
내종형	내종형 내종사형	외종제 표종제	비내종형	귀내종씨
내종제	내종제 내종사촌동생	외종형 표종형	비내종제	貴內從
이종형	이종형 이종사촌형	姨從弟	비이종형	귀이종씨

续表

대상자 (칭호)	㉮ 대상자를 부를 때	㉯ 대상자에게 나를 일컬을 때	㉰ 대상자를 남에게 말할 때	㉱ 남의 대상자 를 일컬을 때
이종제	이종제 이종사 촌동생	이종형	비이종제	귀이종
涙	사위 ○서방	婦翁	사위 여서 涙 兒 家 涙	서 랑 영 서 랑 玉潤

표 2 **韩国语亲属称谓的使用调查**

차례	항목	풀이	품사	빈도	개수	교재	교과	교양	문학	신문	잡지	대본	구어	기타
13299	모친	母親	명	10	6	0	0	0	7	1	2	0	0	0
5757	부친	父親	명	31	8	1	0	5	7	0	18	0	0	0
27910	시아버지	媤-	명	3	3	1	0	0	1	0	0	1	0	0
34310	시어른	媤-	명	2	2	0	0	0	1	0	1	0	0	0
3824	시어머니	媤-	명	52	19	3	0	14	18	0	5	1	0	11
27911	시어머님	媤-	명	3	2	1	0	0	0	0	2	0	0	0
18932	시어미	媤-	명	6	4	0	0	2	3	0	0	1	0	0
2870	아버님		명	73	21	2	0	13	12	0	12	19	6	9
153	아버지		명	1165	98	65	112	76	414	20	127	41	8	302
34526	아범		명	2	2	0	1	0	0	0	1	0	0	0
379	아빠		명	517	37	8	6	19	387	4	18	4	2	69
106	어머니 01		명	1436	105	89	168	114	387	58	125	11	23	461
2902	어머님		명	72	24	10	0	3	5	1	30	2	11	10
28430	외사촌	外四寸	명	3	2	0	3	0	0	0	0	0	0	0
7078	외삼촌	外三寸	명	24	7	0	2	0	1	0	2	0	0	19
52411	작은서방님	-書房-	명	1	1	0	0	0	1	0	0	0	0	0
52251	자당 03	慈堂	명	1	1	1	0	0	0	0	0	0	0	0
55787	큰서방님	-書房-	명	1	1	0	0	0	1	0	0	0	0	0
14960	큰아버지		명	9	5	3	6	0	0	0	0	0	0	0

续表

차례	항목	풀이	품사	빈도	개수	교재	교과	교양	문학	신문	잡지	대본	구어	기타
29578	큰어머니		명	3	2	0	1	0	0	0	0	0	0	2
19624	큰언니		명	6	4	0	0	1	2	0	0	0	0	3
55789	큰오라버니		명	1	1	0	0	0	1	0	0	0	0	0
13875	큰형	-兄	명	10	6	0	0	0	2	0	1	7	0	0
8110	서방님	書房-	명	20	4	0	0	2	16	0	0	1	0	1
30602	고모님	姑母-	명	2	2	0	0	0	0	0	0	2	0	0
1318	형님	兄-	명	175	25	7	0	3	131	0	8	19	3	4
8151	아우 01		명	20	6	2	0	0	11	0	2	1	0	4
49216	아우님		명	1	1	0	0	0	0	0	0	0	0	1
24058	아드님		명	4	3	1	0	0	1	0	0	0	2	0
26587	따님		명	3	3	1	0	0	1	1	0	0	0	0
52251	자당 03	慈堂	명	1	1	1	0	0	0	0	0	0	0	0
497	언니		명	419	46	22	18	15	123	4	44	43	4	146
55533	친언니	親-	명	1	1	0	0	0	0	0	1	0	0	0
37109	친오빠	親-	명	2	2	0	0	0	1	0	0	0	0	1
28711	일가친척	一家親戚	명	3	3	1	1	0	0	0	1	0	0	0
10165	오라버니		명	15	4	0	0	0	9	0	1	5	0	0
社会称谓敬谦语														
518	선생 01	先生	명	406	50	11	18	84	163	18	51	7	10	44
24173	여선생	女先生	명	4	3	0	0	0	2	0	2	0	0	0
19055	여선생님	女先生-	명	6	4	1	0	0	4	0	1	0	0	0
6460	영감 01	令監	명	27	10	0	0	2	7	0	1	3	1	13
11307	영감님	令監-	명	13	5	0	0	0	12	0	0	0	0	1
2837	여사 04	女史	명	74	17	0	0	8	35	5	19	0	0	7
1619	부인 01	夫人	명	140	48	3	0	13	16	42	42	9	1	14
24771	주인님	主人-	명	4	1	0	0	0	0	0	0	4	0	0
24772	주인아저씨	主人-	명	4	2	0	0	0	1	0	3	0	0	0

续表

차례	항목	풀이	품사	빈도	개수	교재	교과	교양	문학	신문	잡지	대본	구어	기타
24773	주인아주머니	主人-	명	4	2	0	0	0	1	0	0	0	0	3
53809	주인아줌마	主人-	명	1	1	0	0	0	0	0	1	0	0	0
616	아저씨		명	351	57	22	25	12	185	4	32	28	4	39
1743	아주머니		명	129	41	18	19	9	32	6	19	1	0	25
2419	아줌마		명	89	23	11	0	2	44	2	5	15	1	9
24071	아주버님		명	4	1	0	0	0	4	0	0	0	0	0
2474	아가씨		명	87	33	16	0	14	20	3	18	14	1	1
5921	사모님	師母-	명	30	11	6	0	1	16	0	0	3	3	1
13050	각하 05	閣下	명	10	4	0	0	0	6	3	0	0	0	1
17256	어르신		명	7	2	1	0	0	0	0	0	6	0	0
653	어른 01		명	334	80	31	46	39	78	26	42	20	5	47
41574	노인장	老人丈	명	1	1	0	1	0	0	0	0	0	0	0
6806	부사장	副社長	명	25	6	0	0	0	0	9	16	0	0	0
45737	부사령관	副司令官	명	1	1	0	0	1	0	0	0	0	0	0
45738	부사무장	副事務長	명	1	1	0	0	0	0	0	1	0	0	0
1122	선배	先輩	명	204	48	7	0	15	60	10	27	18	43	24
1717	고객 04	顧客	명	131	31	1	0	30	1	71	26	0	0	2
26348	단골손님		명	3	3	2	0	1	0	0	0	0	0	0
902	손님		명	250	74	46	17	25	53	20	57	18	1	13
47960	손님맞이		명	1	1	0	1	0	0	0	0	0	0	0
47961	손님층	-層	명	1	1	0	0	0	0	0	1	0	0	0
2448	양반 03	兩班	명	88	34	15	7	19	22	1	8	6	3	7
49622	양반가	兩班家	명	1	1	0	0	1	0	0	0	0	0	0
49623	양반국	兩班國	명	1	1	0	0	1	0	0	0	0	0	0
49624	양반집	兩班-	명	1	1	0	0	0	0	0	0	1	0	0
49625	양반촌	兩班村	명	1	1	0	0	0	1	0	0	0	0	0

续表

차례	항목	풀이	품사	빈도	개수	교재	교과	교양	문학	신문	잡지	대본	구어	기타
34690	양반층	兩班層	명	2	2	1	0	1	0	0	0	0	0	0
50757	외가댁	外家宅	명	1	1	0	0	0	1	0	0	0	0	0
25084	큰댁	-宅	명	4	3	1	2	0	1	0	0	0	0	0
30761	과부댁	寡婦宅	명	2	1	0	0	0	2	0	0	0	0	0
25846	과수댁	寡守宅	명	3	2	0	0	0	0	0	0	2	0	1
1867	댁 01	宅	명	118	31	28	9	0	52	0	4	17	1	7
9185	새댁	-宅	명	17	9	2	0	6	2	0	3	0	0	4
5456	고승 02	高僧	명	33	5	0	2	31	0	0	0	0	0	0
40362	귀부인 02	貴婦人	명	1	1	0	0	1	0	0	0	0	0	0
15263	귀빈	貴賓	명	8	6	0	0	1	1	3	2	0	0	1
42295	대지휘자	大指揮者	명	1	1	0	0	0	0	1	0	0	0	0
42300	대참사	大慘事	명	1	1	0	0	0	0	1	0	0	0	0
15385	대졸 01	大卒	명	8	4	0	0	3	0	3	2	0	0	0
26438	대졸자	大卒者	명	3	2	0	0	0	0	0	3	0	0	0
26439	대종 02	大宗	명	3	3	0	0	0	0	2	1	0	0	0
42264	대작가	大作家	명	1	1	0	0	1	0	0	0	0	0	0
13224	대장 04	大將	명	10	8	0	0	0	0	3	1	2	0	4
26434	대장군	大將軍	명	3	2	0	2	1	0	0	0	0	0	0
14222	대장부	大丈夫	명	9	6	4	1	1	1	0	0	0	0	2
128	대통령	大統領	명	1273	65	2	1	31	21	582	568	0	8	60
31742	대인 01	大人	명	2	1	0	0	0	0	2	0	0	0	0
3798	대왕	大王	명	52	13	7	27	11	5	1	1	0	0	0
31720	대선배	大先輩	명	2	2	0	0	0	1	0	1	0	0	0
42230	대소설가	大小說家	명	1	1	0	0	1	0	0	0	0	0	0
31739	대원수	大元帥	명	2	1	0	0	0	0	2	0	0	0	0
31742	대인 01	大人	명	2	1	0	0	0	0	2	0	0	0	0
3798	대왕	大王	명	52	13	7	27	11	5	1	1	0	0	0

续表

차례	항목	풀이	품사	빈도	개수	교재	교과	교양	문학	신문	잡지	대본	구어	기타
31720	대선배	大先輩	명	2	2	0	0	0	1	0	1	0	0	0
42230	대소설가	大小說家	명	1	1	0	0	1	0	0	0	0	0	0
31739	대원수	大元帥	명	2	1	0	0	0	0	2	0	0	0	0
22564	광원 05	鑛員	명	4	2	0	0	0	0	4	0	0	0	0
41565	노신사	老紳士	명	1	1	0	0	0	0	0	1	0	0	0
1086	노인 01	老人	명	209	44	39	36	25	14	19	54	0	0	22
9514	노인네	老人-	명	16	9	0	0	3	9	0	0	2	0	2
41574	노인장	老人丈	명	1	1	0	1	0	0	0	0	0	0	0
18261	노형	老兄	대	6	1	0	0	0	6	0	0	0	0	0
22839	노교수	老教授	명	4	3	0	0	1	0	2	0	0	0	1
41511	노구 05	老軀	명	1	1	0	0	0	0	0	1	0	0	0
41515	노대감	老大監	명	1	1	0	0	0	1	0	0	0	0	0
41516	노대감마님	老大監-	명	1	1	0	0	0	1	0	0	0	0	0
41564	노시인	老詩人	명	1	1	0	0	0	0	0	1	0	0	0
9658	시댁	媤宅	명	16	10	1	1	4	3	0	7	0	0	0
人称代名词														
8609	하인 01	下人	명	19	7	0	4	4	8	0	0	3	0	0
13	우리 03		대	6583	172	356	840	1658	1086	916	524	164	385	654
1245	저희 01		대	185	46	35	6	7	59	0	20	14	35	9
45621	본인	本人	대	1	1	0	0	0	0	0	0	0	0	1
56	저 03	일인칭 대명사	대	2281	118	438	64	145	997	20	171	141	226	79
21019	소인 01	小人	대	5	1	0	0	0	0	0	0	5	0	0
33992	소자 02	小子	대	2	2	0	1	0	1	0	0	0	0	0
100	너 01		대	1489	94	66	55	91	541	6	50	337	244	99
1588	너희		대	143	48	9	13	11	45	3	4	43	5	10
217	당신 02	當身	대	878	71	38	5	68	639	21	49	25	6	27

续表

차례	항목	풀이	품사	빈도	개수	교재	교과	교양	문학	신문	잡지	대본	구어	기타
1300	여러분		대	178	59	18	18	52	32	8	13	3	8	26
12413	댁 01	宅	대	11	7	2	1	0	4	0	1	2	0	1
22640	귀하	貴下	대	4	1	0	0	4	0	0	0	0	0	0
18261	노형	老兄	대	6	1	0	0	0	6	0	0	0	0	0
1606	자네 01		대	142	34	29	9	17	56	2	4	14	0	11
51814	이자 02	-者	대	1	1	0	0	0	0	0	0	1	0	0
20153	그자 02	-者	대	5	5	1	0	0	2	0	2	0	0	0
35959	저자 02	-者	대	2	2	0	0	1	1	0	0	0	0	0
51810	이이 01		대	1	1	0	0	1	0	0	0	0	0	0
2171	그이 01		대	100	14	2	0	1	13	0	82	2	0	0
35958	저이 01		대	2	2	1	0	0	1	0	0	0	0	0
8505	이분 01		대	19	12	0	2	0	5	0	3	2	4	3
2706	그분		대	78	34	14	16	2	8	1	22	3	6	6
10763	저분 01		대	14	8	2	6	0	4	0	0	0	1	1
217	당신 02	當身	대	878	71	38	5	68	639	21	49	25	6	27
72	자신 01	自身	명	1799	125	37	119	603	412	234	314	11	22	47
126	자기 04	自己	대	1281	126	79	50	291	303	59	106	37	192	164
抽象名词														
55344	춘추 01	春秋	명	1	1	1	0	0	0	0	0	0	0	0
23431	병환 02	病患	명	4	4	1	0	0	2	0	1	0	0	0
47302	서거	逝去	명	1	1	0	0	0	0	1	0	0	0	0
18828	성함	姓銜	명	6	6	2	0	0	1	1	0	0	1	1
57311	함자 02	銜字	명	1	1	0	0	0	0	0	1	0	0	0
9557	명함	名銜	명	16	8	0	0	1	1	0	11	3	0	0
12576	생신 02	生辰	명	11	7	5	4	0	1	0	1	0	0	0
29606	탄생일	誕生日	명	3	1	0	0	3	0	0	0	0	0	0
3957	탄생	誕生	명	50	28	1	0	28	0	12	8	0	0	1

续表

차례	항목	풀이	품사	빈도	개수	교재	교과	교양	문학	신문	잡지	대본	구어	기타
4948	치아 02	齒牙	명	38	11	1	0	1	9	25	2	0	0	0
15860	연세 02	年歲	명	8	5	2	0	1	1	0	4	0	0	0
34674	약주 03	藥酒	명	2	2	0	0	1	1	0	0	0	0	0
36308	존칭	尊稱	명	2	2	1	0	0	0	1	0	0	0	0
53639	존호	尊號	명	1	1	0	0	1	0	0	0	0	0	0
53640	존화	尊華	명	1	1	0	0	1	0	0	0	0	0	0
36311	졸고	拙稿	명	2	1	0	0	2	0	0	0	0	0	0
30586	고견 02	高見	명	2	2	0	0	0	1	0	1	0	0	0
28711	일가친척	一家親戚	명	3	3	1	1	0	0	0	1	0	0	0
25762	고명 01		명	3	2	0	0	0	0	1	2	0	0	0
39332	고명해지다	高名-	동	1	1	0	0	1	0	0	0	0	0	0
15860	연세 02	年歲	명	8	5	2	0	1	1	0	4	0	0	0
42285	대종회	大宗會	명	1	1	0	0	0	0	1	0	0	0	0
4991	대체 02	大體	부	37	17	1	0	4	22	1	2	7	0	0
18828	성함	姓銜	명	6	6	2	0	0	1	1	0	0	1	1
事物名词														
16172	진지 01		명	8	7	2	1	1	3	0	1	0	0	0
9160	보물 04	寶物	명	17	10	0	10	4	0	1	1	1	0	0
45547	보화 03	寶貨	명	1	1	0	0	1	0	0	0	0	0	0
22360	감찰 01	監察	명	4	2	0	0	0	3	0	1	0	0	0
40364	귀빈실	貴賓室	명	1	1	0	0	0	0	1	0	0	0	0
31002	귀물 02	貴物	명	2	2	0	0	1	0	0	1	0	0	0
22639	귀중품	貴重品	명	4	4	0	0	2	1	1	0	0	0	0
场所名词														
1867	댁 01	宅	명	118	31	28	9	0	52	0	4	17	1	7
25084	큰댁	-宅	명	4	3	1	2	0	1	0	0	0	0	0
9658	시댁	媤宅	명	16	10	1	1	4	3	0	7	0	0	0

续表

차례	항목	풀이	품사	빈도	개수	교재	교과	교양	문학	신문	잡지	대본	구어	기타
40363	귀빈관	貴賓館	명	1	1	0	0	0	1	0	0	0	0	0
47728	소가 01	小家	명	1	1	0	0	1	0	0	0	0	0	0
人物名词														
10751	자제 01	子弟	명	14	9	4	0	2	4	1	1	1	0	1
动词														
12198	하청 02	下請	명	12	5	0	0	0	0	12	0	0	0	0
词缀														
37	씨 07	氏	의	2920	110	342	6	160	402	1146	573	129	68	94
动词														
5816	주무시다		동	31	22	7	2	0	9	0	6	1	2	4
6878	잡수시다		동	25	16	9	2	1	4	0	1	0	0	8
1163	계시다		동	197	55	67	12	3	48	0	15	13	7	32
47677	세배드리다	歲拜-	동	1	1	1	0	0	0	0	0	0	0	0
47677	세배드리다	歲拜-	동	1	1	1	0	0	0	0	0	0	0	0
21526	인사드리다	人事-	동	5	4	0	1	0	0	0	2	0	0	2
24647	전화드리다	電話-	동	4	3	2	0	0	0	0	0	2	0	0
53410	제사드리다	祭祀-	동	1	1	0	0	1	0	0	0	0	0	0
25016	축하드리다	祝賀-	동	4	3	2	0	1	0	0	0	0	1	0
56676	폐백드리다	幣帛-	동	1	1	1	0	0	0	0	0	0	0	0
13054	감사드리다	感謝-	동	10	6	0	0	3	2	0	1	0	0	4
26087	기도드리다	祈禱-	동	3	1	0	0	0	0	0	0	0	0	3
41351	내드리다		동	1	1	1	0	0	0	0	0	0	0	0
42394	덜어드리다		동	1	1	0	0	0	0	0	1	0	0	0
1460	드리다 01	주다	동	156	68	33	18	13	35	6	15	10	8	18
830	드리다 01	주다	보	266	69	67	34	7	51	4	36	16	7	44
3184	말씀드리다		동	64	30	9	6	15	14	0	1	7	2	10
23267	문안드리다	問安-	동	4	3	0	0	0	1	0	2	1	0	0

续表

차례	항목	풀이	품사	빈도	개수	교재	교과	교양	문학	신문	잡지	대본	구어	기타
45450	보고드리다	報告-	동	1	1	0	0	0	1	0	0	0	0	0
16976	부탁드리다	付託-	동	7	5	2	0	1	0	0	3	0	0	1
46516	사과드리다	謝過-	동	1	1	0	0	0	1	0	0	0	0	0
47084	상의드리다	詳議-	동	1	1	1	0	0	0	0	0	0	0	0
472	올리다 01		동	436	116	17	70	54	87	78	71	19	2	38
47303	서거하다	逝去-	동	1	1	1	0	0	0	0	0	0	0	0
1368	모시다		동	167	62	22	10	31	34	10	18	14	5	23
5381	여쭈다		동	34	18	1	15	2	8	0	0	1	0	7
24179	여쭙다		동	4	2	0	0	0	2	0	0	2	0	0
4609	뵙다		동	41	23	18	1	0	9	0	4	4	5	0
						形容词								
7539	사랑스럽다		형	22	12	1	0	1	8	1	10	0	0	1
10190	의젓하다		형	15	13	2	3	5	4	0	0	0	0	1
12977	편찮다	便-	형	11	6	1	0	0	4	0	0	0	0	6
17185	시장하다 01		형	7	5	1	0	1	2	0	0	0	0	3
						副词								
29518	친히	親-	부	3	2	0	0	1	2	0	0	0	0	0
55545	친히 80	親-. 친하게	부	1	1	0	0	0	1	0	0	0	0	0
8812	손수 01		부	18	14	3	2	1	11	0	1	0	0	0
24063	아무쪼록		부	4	2	0	0	4	0	0	0	0	0	0
46885	삼가 01		부	1	1	0	0	1	0	0	0	0	0	0
						感叹词								
330	그래 01		감	589	79	87	29	19	212	4	24	115	82	17
21169	아무렴		감	5	5	1	1	0	2	0	0	0	0	1
1972	글쎄 01		감	111	53	12	4	9	57	0	7	10	9	3
29354	천만 01	千萬	부	3	3	0	0	0	1	0	1	0	0	1

后　记

本书是笔者在2014年完成的博士论文基础上整理出版的，当论文几经修改终于要面世时，心中无比的喜悦与高兴。回首过去撰写论文的日子，有过成功的喜悦，亦有过失败的沮丧，有太多的人和事值得记忆。

首先，衷心感谢我的恩师丁石庆教授对我的谆谆教诲和悉心关怀。在我的学习过程中，从论文选题，到论文的撰写与修改，每一个环节中无不凝聚着恩师的汗水和心血。恩师国际化的视野，前沿而精髓的学术造诣，严谨勤奋的治学风格，从容、乐观、豁达、以身立行的做人风格不仅使我明白了如何看待事物，懂得了如何规划自己的人生，而且还明白了许多待人接物与为人处世的道理，深刻影响着我今后的工作和生活。在我人生的旅途中，恩师不仅是我夜航时暖暖的灯塔、前行路上永恒的指针，还是我人格德行的标杆。借此机会向恩师表示我最诚挚的谢意！除此之外，还要感谢太平武教授、俞春喜教授，周国炎教授、崔顺喜教授、许凤子教授在论文提纲的构建阶段给予我的热忱指导。感谢韩国全北大学的高东浩教授，他百忙中倾心倾力给了我诸多帮助。

在论文即将出版之即，特别要感谢我的父母，多年来他们替我担起了照顾孩子的重担，无怨无悔地支持着我的求学之路；感谢我的丈夫一如既往地支持我，帮助我修改论文，并且给我一些好的建议；感谢我的女儿在没有妈妈陪伴的日子里，学会了自立，还时常打电话给我送来捷报。父母的默默支持、丈夫的温暖话语、孩子的健康成长给了我无限的动力。

2013年，母亲因过度劳累生病住院，由于在韩国学习，没能陪伴在母亲身旁；由于忙于自己的学业没能给予丈夫生活上的细心照顾；由于忙于工作和学习，忽视了孩子渴望母爱的内心感受，对此我深表愧疚。今天，我的学业之所以能够顺利完成，专著能够如期出版，全部在于他们默默而无私的付出，他们是我坚强的后盾和精神支柱。我衷心地祝愿我的母亲早日康复！祝愿我的亲人和帮助过我的老师们健康幸福！

最后，还要感谢我的同事金锦燕老师，在我撰写论文的日子里，她帮我承担起了专业教学任务，没有她，我的学业和论文出版也不会这么顺利。感谢我的同门师兄、师姐和博士班上的同学对我学习和生活上的照顾。

祝愿他们心想事成！万事如意！

2017年3月24日